8.95

L'Évangile
de Marie-Madeleine

Fernand Patry

L'Évangile de Marie-Madeleine

Libre Expression

Libre Expression

Données de catalogage avant publication (Canada)
Patry, Fernand
L'Évangile de Marie-Madeleine
ISBN 2-89111-932-0
I. Titre.
PS8581.A785C67 2001   C843'.6   C00-942085-1
PS9581.A785C67 2001
PQ3919.2.P37C67 2001

Maquette de la couverture
FRANCE LAFOND
Infographie et mise en pages
SYLVAIN BOUCHER

Libre Expression remercie le gouvernement canadien
(Programme d'aide au développement de l'industrie de l'édition),
le Conseil des Arts du Canada, le gouvernement du Québec (Programme
de crédit d'impôt pour l'édition de livres – Gestion SODEC)
et la Société de développement des entreprises culturelles du soutien
accordé à ses activités d'édition dans le cadre de leurs programmes
de subventions globales aux éditeurs.

Éditions Libre Expression
2016, rue Saint-Hubert
Montréal (Québec) H2L 3Z5

Dépôt légal :
2ᵉ trimestre 2001

ISBN 2-89111-932-0

I

L'ordination

Le portail de la basilique Notre-Dame de Québec lui semble encore si loin. Sophie, habillée d'élégance, y file comme une marathonienne malgré l'inconfort de ses bottes de cuir fin. Cette course forcée n'altère en rien le charme resplendissant de sa personne. Ses longs cheveux ondulés, lumineux sous ce magnifique soleil d'octobre, valsent au vent.

« Quelle côte abrupte ! maugrée la jeune femme. Pourquoi toujours bâtir les églises sur des sommets ? J'ai horreur d'arriver en retard, surtout pour l'ordination de Sébastien. Tout cela à cause d'un appareil photo oublié dans l'auto. Il faut que je t'aime beaucoup, Alexandre, pour courir ainsi pendant que tu restes bien assis dans l'église pour être sûr de ne rien manquer de la célébration. »

Soudain surgit devant elle un ecclésiastique qui se dirige lui aussi à vive allure vers l'église. « Je ne serai pas la seule en retard », pense-t-elle. Sophie découvre les traits du prêtre qui s'amène tout près. Il est tout de noir vêtu ; sa figure émaciée, sa taille mince et ses cheveux courts à la spartiate le font paraître austère et déterminé. Son visage ne montre ni ride ni sourire, seulement des yeux interrogateurs et perçants derrière des lunettes à monture délicate. Le style de l'ecclésiastique fait sourire Sophie : « À part le collet romain, ce prêtre est à la mode. Si on entrait ensemble dans l'église, cela ferait tout un effet ! » Comme s'il lisait dans ses pensées, le prêtre louvoie un instant en la fuyant du regard puis, d'un mouvement brusque, il s'engage dans la grande porte centrale. Sophie opte pour la porte latérale.

À peine entrée, Sophie est stupéfaite. Elle avait quitté une assemblée heureuse, exaltée par l'émotion et les grandes orgues qui jouaient du Bach ; elle découvre maintenant une assistance aux visages tristes et inquiets. Un climat de cohue s'est installé dans la nef. Le chœur rempli de religieux en tunique blanche, portant l'habit de l'ordre des Frères prêcheurs, n'a pas été épargné. Loin d'être recueillis comme il se devrait en pareille circonstance, les frères montrent des signes évidents de nervosité. Les uns parlent à voix basse et d'autres gesticulent avec fébrilité. Un grave événement vient sûrement de se produire. Sophie scrute la foule à la recherche d'Alexandre, l'homme de sa vie. Elle l'aperçoit enfin, debout dans le transept gauche. Elle s'élance vers lui.

– Que passe-t-il? Quelqu'un est-il mort? Où est Sébastien?

– Je ne sais pas. Un frère dominicain a apporté un message au dignitaire qui nous a été présenté plus tôt comme étant le nonce apostolique Mgr Camillo Del Tores; celui-ci a alors bondi de son trône pour se diriger vers l'autre évêque que tu connais bien, monseigneur Chevrier, l'ami de Sébastien, qui devait l'ordonner. Les deux prélats se sont parlé et, immédiatement, la célébration a été interrompue. Ils ont ensuite demandé à Sébastien de les suivre dans la sacristie avec son supérieur, le père Jacques Trudeau. Depuis, nous sommes tous là à attendre.

L'ecclésiastique qui était entré en même temps que Sophie s'avance dans l'allée centrale et jette en passant un regard compatissant au couple âgé assis dans le premier banc. Il s'agit de Gertrude et Albert, les grands-parents de Sébastien. La vieille dame pleure en tenant la main de son mari, qui semble imperturbable. Le prêtre ralentit le pas, comme s'il était tenaillé entre la compassion et le devoir. Le devoir l'emporte. Reprenant son allure d'estafette, il monte les marches du chœur en saluant d'un air gêné les frères dominicains. Sans ralentir la cadence, l'ecclésiastique se dirige vers l'une des portes aux boiseries finement sculptées. Des éclats de voix la traversent, alors que d'habitude il ne s'en échappe qu'une rumeur feutrée. Il se fait hésitant avant de s'y aventurer, son poing se ferme, il veut cogner, il se ressaisit et entre sans frapper.

Son entrée dans la sacristie provoque un lourd silence. L'ecclésiastique, formé à l'étiquette des ménagères de curé, prend le temps d'enlever ses couvre-chaussures pour ne pas souiller le plancher rutilant et du regard balaye la sacristie. Deux monseigneurs en habits sacerdotaux et deux dominicains sont présents. D'un pas militaire, il se dirige vers celui qu'il a toujours servi avec un zèle irréprochable, le nonce apostolique Mgr Camillo Del Tores. En tenue d'apparat, le prélat se tient debout, l'air grave.

Cette ordination ulcérait le Vatican, qui avait exigé sa présence pour l'événement. La fonction du nonce consiste à représenter le pape auprès d'un gouvernement étranger. Il a à la fois le prestige d'un ambassadeur et le rôle de gardien de la sainte doctrine. Il a pour tâche de rapporter avec fidélité au Vatican la situation du catholicisme dans le pays où il exerce sa charge. Sur ce point, monseigneur Tores est reconnu pour son zèle apostolique. Il pontifie sans charisme et son discours ne l'avantage pas. Personnage quasi théâtral, il affiche un sourire mi-moqueur, mi-complaisant. Le pouvoir a trouvé chez lui un allié fidèle.

– Approchez Paul, approchez cher ami. Nous vous attendions, dit le nonce, comme s'il s'adressait à un invité.

Puis, d'un ton solennel, aux autres membres du clergé présents :

– Je vous présente mon dévoué secrétaire, monsieur l'abbé Paul Legendre.

L'ecclésiastique fait les salutations d'usage, puis il s'exécute avec un curieux mélange de docilité et de fermeté. Il plonge sa main dans sa serviette de cuir noir et brandit une enveloppe blanche aux armoiries vaticanes.

– Excellence, voici le document officiel qu'il vous tardait tant de recevoir.

Il avait dit cette phrase d'un ton si glacial qu'elle produisit l'effet désiré. Un vent d'hiver venait de pénétrer dans la sacristie.

Assis sur une chaise en bois de chêne, face à la fenêtre, monseigneur Chevrier n'a pas bronché. Pensif, il regarde au loin vers les Laurentides empourprées dans leur décor automnal. En proie à l'indignation, le nonce Mgr Del Tores continue néanmoins de pavoiser. Dans sa main gauche, il serre la lettre si fort que le papier se froisse. Il révèle que le Saint-Père le pape est intervenu dans cette affaire. « *Fiat voluntas tua* », répète-t-il avec colère. Il ouvre l'enveloppe les yeux fixés sur Sébastien, dont il tente d'agripper le regard. Le jeune ordinand ne bronche pas, les yeux rivés sur son ami, l'archevêque de Québec. Leur amitié pourra-t-elle résister à un tel assaut de l'autorité?

Puis le nonce plonge dans la lecture de la lettre. Il ne lève les yeux que pour mieux mesurer sa victoire en observant la mine défaite des hommes de robe qui l'entourent. Et s'adressant à tous :

— Monseigneur Chevrier, vous auriez dû m'écouter lorsque je vous ai demandé de retarder cette ordination. Aujourd'hui, mes appréhensions sont confirmées par cette lettre du cardinal Minazoli. Bien sûr, Excellence, vous n'êtes pas personnellement fautif, mais admettez qu'il y a eu manque de vigilance tant de votre part que de celle des dominicains. Il s'est passé des événements tragiques à Jérusalem, que le secret m'empêche de vous rapporter. D'autres documents me parviendront de Rome. Entre-temps, je me permettrai, révérend père provincial, d'insister pour que vous m'accordiez humblement obédience. *Res non verba*, oui mon révérend père, je vous entretiendrai de choses bien réelles et non que de mots.

Le nonce s'approche de monseigneur Chevrier et lui tend la missive, ce qui sort l'évêque de sa triste méditation.

– Lisez vous-même, monseigneur. Cette lettre, signée de la main de mon très cher ami le cardinal Minazoli, vous indique la voie à suivre concernant l'ordination de votre pro-tégé. Vous devez savoir comme moi ce que signifie une signature aussi illustre au bas d'une lettre. Grâce aux nombreux entretiens télé-phoniques que nous avons eus avec Rome et grâce au zèle de mon secrétaire particulier qui nous a apporté cette lettre *in extremis*, le pire a été évité. Imaginez le scandale si l'ordination avait eu lieu. Le tort causé au Saint-Père et à l'Église aurait été irréparable.

Cette seule pensée lui étant trop lourde à supporter, le nonce agrippe une chaise. Il essuie élégamment son visage pourpre et suintant avec la manche de dentelle de son surplis d'apparat. Son regard foudroie Sébastien qui, atterré, reste néanmoins digne. Celui-ci cherche sur les visages l'indice d'une complicité, voire d'un appui. La lettre passe des mains de l'archevêque à celles du père provincial, Jacques Trudeau.

Soudain, Mgr Camillo Del Tores se fait plus cinglant : «Votre comportement est inacceptable, frère Sébastien Perron. Voyez quel bouleversement vous créez chez nous tous! Dans quel embarras vous nous mettez!» Sébastien ne bronche pas. Son esprit, lui, est fébrile. Dans sa tête se bousculent des visages d'un passé encore proche. Il devine un complot.

Le prélat continue sa lapidation. «Vous avez agi avec malice et convoitise. La lettre du Vatican est sans équivoque et son intervention témoigne de l'odieux des gestes qui vous sont reprochés. Vos gestes répréhensibles ont failli ternir la réputation de sainteté de l'Église. Votre ordination n'aura pas lieu. Pour vous, les portes du sacerdoce sont closes à jamais : *Magister dixit*. Vous en êtes l'unique responsable, frère Sébastien Perron.»

Cette ordination avait engendré de la suspicion entre les autorités du Vatican et celles de l'ordre des Dominicains. La réputation du jeune dominicain était telle qu'aucun de ses supérieurs n'avait cru bon intervenir pour empêcher son ordination. Tous croyaient en son intégrité et s'attendaient à un dénouement heureux en sa faveur.

Le père Trudeau connaît l'intelligence exceptionnelle du frère Perron. Certains peuvent lui reprocher son caractère passionné, mais on doit y reconnaître l'ardeur et l'esprit combatif de la jeunesse. Son travail d'exégète est très apprécié de ses pairs. Le futur ordinand a impressionné ses frères de l'École biblique de Jérusalem et, en particulier, le grand exégète de l'Ordre, le père Louis-Marie Fromentin. Dans ce lieu de recherche, le célèbre spécialiste de la langue araméenne et hébraïque a fait une traduction remarquable de certains écrits des manuscrits de Qumrân. Quelques semaines avant la célébration de son ordination, Sébastien, qui travaillait à ses côtés, finalisait une recherche importante. Rien n'avait encore transpiré de sa mystérieuse et secrète investigation. Y avait-il un lien entre les résultats de cette recherche et l'intervention extraordinaire du pape? Cette situation singulière plaçait les dominicains dans l'embarras car, lors de la fondation de l'Ordre par saint Dominique, la constitution exigeait la non-ingérence du pape dans les affaires internes de la communauté.

Le père Jacques Trudeau relit une deuxième fois la lettre écrite en latin qui mentionne que, en vertu de l'article n° 1041 du code de droit canonique, le frère Sébastien Perron ne peut recevoir l'ordination.

Monseigneur Chevrier quitte sa chaise et jette un œil las sur ses riches vêtements liturgiques. Passant tout près de son jeune protégé, il lui empoigne solidement l'épaule :

– Mon pauvre Sébastien, qu'as-tu donc fait de si terrible?

La voix du prélat était triste et éteinte. Pour toute réponse à sa question : le silence et le bruissement de son vêtement tissé de fil d'or. L'archevêque avait fait ses études classiques et théologiques en même temps que Marcel Perron, le père de Sébastien. Ce dernier avait quitté la prêtrise pour se marier. De ce mariage est né Sébastien, l'unique enfant du couple. Il y a douze ans, ses parents sont morts tragiquement dans un accident de la route. Monseigneur Chevrier avait conservé des liens affectueux avec la famille et il était fier de Sébastien qu'il considérait comme son propre fils.

L'archevêque souhaiterait alléger ses épaules de tout le poids de la souffrance qui lui était infligée. Pour l'instant, il ne peut que se départir de la pesante chasuble dorée et des autres vêtements liturgiques qu'il a revêtus. Le poids des événements du jour reste entier.

À son tour, le père Trudeau, embarrassé, s'approche de Sébastien. Le jeune dominicain bondit de sa chaise et se tient debout droit comme un jeune chêne dans la tempête.

– Sébastien, je veux te voir ce soir. Je crois que tu as des explications à me fournir. D'ici là, je vais consulter nos frères ainsi que le nonce apostolique. Surtout, je te demande de la discrétion. N'oublie pas, ce soir sans faute. C'est un précepte formel que je te fais.

Jamais Sébastien n'avait pensé qu'un jour il recevrait un « précepte formel ». Une expression peu utilisée de nous jours mais qui, pour un religieux, signifie l'obligation morale d'obéir à son supérieur. Sébastien était tenu de s'y plier.

Le prieur du couvent de Québec, le père Marius Gagnon, a dû annoncer à l'assistance que la cérémonie d'ordination du frère Perron était annulée. L'atmosphère est suffocante dans l'église et chacun, sans se précipiter, quitte ce lieu de fête l'esprit endeuillé. Dans le transept, Sébastien pleure dans les bras de sa grand-maman Gertrude. Près d'eux, assis dans un fauteuil roulant, son grand-père a l'air ravi; il ne semble pas comprendre les raisons d'un tel épanchement. La vieillesse et la maladie le préservent ainsi d'une cruelle affliction. Des intimes s'approchent, Sébastien choisit de s'éloigner. Pour l'instant, il a besoin d'être seul.

II

Un lourd secret

Au couvent des dominicains, Sébastien se retrouve seul dans sa chambre. Des images défilent dans sa tête à une vitesse folle. Il se revoit dans la basilique. Après l'annonce de la triste nouvelle, il n'a ni la force ni le courage de rencontrer tous les invités. Ses amis intimes, désemparés, accourent vers lui. L'amitié comme l'amour s'expriment par des gestes complices, et cela lui suffit. Le désarroi de Sébastien s'enveloppe du respect qu'on porte à sa blessure. Il prend conscience que l'événement a soulevé beaucoup de questions chez ses invités, qui ont quitté la basilique comme s'ils avaient été les témoins impuissants mais gênants d'un terrible drame. Quel dérapage, quelle bêtise, ou plutôt quel mystère se cache dans cette foire ecclésiastique?

Voilà le genre de questions que se posent ses amis. Sébastien serait-il victime d'un complot? Voudrait-on l'humilier publiquement pour le faire taire? Quelqu'un a-t-il voulu se venger de lui? Leur ami, d'habitude si transparent, détient-il un secret que sa longue absence à l'étranger visait à camoufler?

En quittant la basilique, Sébastien ne s'est laissé approcher que par Alexandre. Celui-ci, n'écoutant que son amitié, lui a dit d'un ton qui ne tolère aucune réplique : «Tu montes avec moi.» Déjà Alexandre a ouvert la portière avant et s'est assis au volant. Derrière, Sophie se fait discrète et cache mal une émotion à fleur de peau. Alexandre ne la quitte pas du regard par le rétroviseur, et elle comprend qu'en cet instant l'amitié est sans partage.

L'amitié d'Alexandre et de Sébastien remonte aux années de collège durant lesquelles ils avaient fait souvent les quatre cents coups. À l'université, ils partageaient le même appartement. Alexandre étudiait fort pour être architecte, et il l'est devenu. Sa carrure athlétique contrastait avec la douceur de sa voix et son tempérament paisible. Sébastien était d'une nature plus nerveuse. Il hésitait beaucoup quant à son choix de carrière. Il oscillait entre la profession d'avocat et celle d'archéologue. Après une tentative en droit, il se décida pour l'archéologie. En cours de route, il fut bouleversé par le suicide d'une copine, Martine. Cette mort, qui faisait suite à celle tout aussi violente de ses parents, l'avait mené à une longue réflexion spirituelle. Puis, un jour, il annonça à Alexandre sa décision de s'inscrire en théologie. Ils continuèrent de partager le même appartement. Le désir de s'engager à fond dans la vie religieuse finit par s'ancrer chez Sébastien. Le futur religieux avait eu de longues et vives discussions avec Alexandre qui, lui, ne voyait dans la religion qu'une forme d'endoctrinement. Néanmoins, l'amitié et le respect sortaient toujours vainqueurs de leurs échanges. Quelque temps avant qu'Alexandre ne soit promu architecte, Sébastien lui fit part de sa décision d'entrer chez les dominicains.

Pendant tout le trajet, Sébastien se fait muet. Alexandre, qui ressent en lui une révolte innommable, le laisse devant le couvent en lui promettant de revenir dans quelques heures.

Un bruit feutré tire Sébastien de sa réflexion. On a frappé à la porte, qu'il ouvre : c'est Alexandre. Il est monté seul; Sophie, qui travaille dans l'édition, a profité de son passage à Québec pour aller rendre visite à un ami libraire. La situation, quoique mystérieuse, ne l'incitait pas à mettre les pieds dans un couvent de religieux. Elle savait que, pendant des siècles, on avait interdit aux femmes de franchir la porte du cloître et qu'aujourd'hui encore certains frères espéraient le retour de cette coutume.

Alexandre est maintenant en tenue sport, heureux d'avoir délaissé cravate et habit chic. Tout en restant très critique face à l'Église catholique, il avait convenu avec Sébastien que leur amitié importait davantage que leurs divergences d'opinions. Alexandre habite avec Sophie depuis sept ans. Par choix, ils ne se sont pas mariés, mais ils ont décidé que, s'ils se mariaient un jour, ce serait Sébastien qui célébrerait leur mariage.

Attristé par les derniers événements, Alexandre attend des explications de Sébastien qui, silencieux, arpente la modeste chambre. Par ce manège bizarre, on pourrait croire qu'il essaye de garder son équilibre sur un fil de fer. Alexandre fixe sans vraiment regarder le parc des Plaines-d'Abraham. Là aussi, il y a eu une bataille historique due à une trahison. Est-ce encore le cas aujourd'hui?

Sébastien agrippe une chaise et vient s'asseoir face à Alexandre. On le sent tiraillé entre le besoin de parler et celui de se taire. Doit-il mettre de côté les conseils de son supérieurconcernant la prudence et la discrétion? L'amitié donne-t-elle des droits qu'aucune autorité ne peut brimer?

– Alexandre, tu es ma bouée de sauvetage. J'ai besoin de toi. Après tout ce qu'on a vécu ensemble, je sais que tu peux me comprendre. Ce qui m'arrive, tu ne peux même pas l'imaginer. Et je ne parle pas seulement de l'annulation de mon ordination, mais de tout ce qui m'arrive depuis des mois.

– Je ne connais pas grand-chose à l'organisation de l'Église mais, pour annuler une ordination, il faut une saprée bonne raison! Peu importe. Si je suis ici, c'est pour t'aider. Tu peux compter sur moi.

– Merci d'être venu.

Soudain, Sébastien se lève sans faire de bruit, l'index sur sa bouche pour signaler à Alexandre de se taire. Il va vers la porte, qu'il ouvre brusquement. Personne! Avant de la refermer, il scrute le corridor.

– C'est difficile de tout t'expliquer ici. Je t'ai déjà dit que certains frères sont spécialisés dans l'écoute aux portes. Je dois être constamment sur mes gardes. J'ai même l'impression que ma vie est menacée…

Alexandre frotte ses cheveux roux coupés en brosse, signe que les deux amis utilisent pour indiquer que l'un est en désaccord avec l'autre ou, du moins, que celui-ci exagère.

– Alex, j'ai l'air d'avoir un délire paranoïaque mais, lorsque tu connaîtras mon histoire, tu jugeras par toi-même. Je n'exagère pas. C'est le pape qui est intervenu personnellement pour empêcher mon ordination. Te rends-tu compte?

– Le pape lui-même est intervenu? Tu veux me dire que le pape te connaît personnellement?

– Il ne me connaît pas en personne, mais il est au courant de ma situation.

Alexandre est intrigué et, encore sous l'effet d'une telle révélation, une série de questions se bousculent dans sa tête.

– Aurais-tu une double vie? Te serais-tu marié secrètement en Europe? Aurais-tu un enfant illégitime dans le placard?

– Question de mœurs, ne t'en fais pas. L'Église en a vu d'autres. C'est bien plus grave que ça.

– Plus grave qu'une question de mœurs?

– Alex, je suis victime d'un complot. Ça concerne mon travail de recherche à notre École biblique de Jérusalem. J'ai étudié des documents qui pourraient changer le visage du christianisme. Dans quelques-unes de mes lettres, je t'ai parlé du père Fromentin, te souviens-tu?

– Bien sûr que je m'en souviens. Tu témoignais d'une grande admiration pour lui.

– En effet, il est mon mentor. Eh bien, cet homme m'a confié un rôle important dans ses recherches, qui l'ont conduit à une découverte exceptionnelle sur la personne de Jésus et sur son message. Tout cela est demeuré secret entre nous.

– Un instant, Sébastien. Comment un travail de recherche peut-il mériter plus de considération que la vie privée d'un prêtre ou, si tu préfères, d'un futur prêtre, au point que l'Église lui refuse l'ordination? J'avoue que j'ai de la difficulté à te suivre.

– La doctrine de la foi est au-dessus de tout. Critiquer ses fondements est la pire chose à faire. Pour l'instant, c'est tout ce que je peux te dire. Fais-moi confiance. Écoute-moi! Retourne à Montréal avec Sophie et je vous rejoins demain matin. Chez vous, je serai plus à l'aise pour parler. Je te téléphone tôt demain pour te dire à quelle heure je vais arriver.

Alexandre le serre dans ses bras. Leur amitié sait faire trêve de mots. Dimanche, ce sera les retrouvailles à la maison où Sébastien avait laissé quelques effets personnels. C'était devenu une habitude à chacune de ses visites, Sébastien préférait habiter chez un ami plutôt que dans un couvent des environs.

Alexandre le quitte encore plus inquiet. Le plancher de bois craque, il a l'impression d'être épié. Est-ce que Sébastien lui a communiqué sa paranoïa? Il pense à Sophie qui, probablement, doit l'attendre en bas dans l'auto tel que convenu. Il sait qu'elle ne se présentera pas à la porterie du couvent pour annoncer son arrivée. Elle veut respecter l'intimité de la rencontre entre les deux amis. Assise au volant, Sophie, un livre à la main, se fait patiente et souriante.

Les heures se sont écoulées à une vitesse vertigineuse et Sébastien sursaute en entendant la cloche du cloître : la prière va bientôt commencer. Ce tintement l'agresse. Un appel qui le replonge dans une pénible réalité. Il ne sait pas ce qui le gêne le plus : le regard méprisant de certains frères qui l'ont déjà jugé ou celui, plus compatissant, de quelques autres qui attendent ses confidences. Tout s'embrouille dans sa tête. Un peu de solitude et d'air frais seront plus régénérateurs que la prière fraternelle et le parfum de l'encens. Il sort du couvent par une porte dérobée et prend la direction du parc.

Sébastien pousse un long soupir. Que d'images surgissent dans sa tête! Les visages familiers et tourmentés de ceux qu'il aime : ses grands-parents Albert et Gertrude, son ami l'archevêque Jude Chevrier, Alexandre et Sophie. La grande fête de ce soir s'est voilée d'un linceul. De sa mémoire surgit la révolte quand il songe à la hargne du nonce et à l'incompréhension de ses supérieurs. Puis ses yeux s'embrument en pensant à son lointain ami malade et isolé, le père Jean-Marie Fromentin. La tristesse et colère l'accompagnent dans sa marche solitaire. Le vent frais du fleuve comme la profondeur de ses blessures le font frissonner et il choisit de revenir au couvent.

Sur le parquet de sa chambre, une note écrite à la main : « Sébastien, j'aurais bien aimé prier avec toi ce soir aux vêpres. J'insiste, il faut que l'on se parle ce soir. Viens me rejoindre à l'église, j'y serai encore un bon moment en présence du Seigneur. Je t'attends, Jacques. » Sébastien se souvient du précepte formel qu'il lui avait imposé dans la sacristie. Il doit donc s'y conformer.

Sébastien entretenait des relations fraternelles agréables avec son provincial. Les deux hommes avaient longuement échangé avant son départ pour Jérusalem. Jacques Trudeau avait confiance en Sébastien. Mais, dans l'exercice du pouvoir, il devenait un autre homme, incapable de supporter la controverse. Il était un religieux de compromis. De santé fragile, il couvrait toujours ses épaules d'un chandail de laine. Il souriait très peu et l'humour chez lui brillait par son absence. Il portait des lunettes très épaisses de corne noire. On ne savait jamais s'il fermait les yeux pour méditer ou pour éviter le regard de l'autre. Son tempérament introverti pouvait se métamorphoser en celui de conquérant lorsque venait le temps de prendre des décisions concernant l'ordre des Dominicains. Il avait un sens aigu du devoir.

La grande église Saint-Dominique est presque dans l'obscurité totale. La lampe du sanctuaire projette sa lueur rougeâtre sur les boiseries que l'on devine magnifiques. Sur la grande nappe de lin blanc de l'autel, un cierge est allumé. Une silhouette blanche et immobile, tel un guetteur, se dessine au premier banc du chœur des religieux. Le capuchon de son habit relevé, Jacques Trudeau a une allure fantomatique. L'encens embaume l'église. Tout est prêt comme pour un rituel. Sébastien s'avance, frôlant à peine la dalle de marbre. La silhouette blanche s'anime devant lui et, d'un geste, Jacques lui fit signe de venir le rejoindre. Un mystère plane et on sent le poids d'une grave décision. Pas le moindre mot, et ce silence semble contenir une éternité. D'un ton paternel et légèrement embarrassé, le père provincial ouvre la discussion :

– Merci d'être venu, Sébastien. Je te sens très surmené ces temps-ci, ai-je raison?

Sébastien a failli bondir. Il a toujours eu une sainte horreur du paternalisme utilisé dans le monde clérical comme préambule à un échange fraternel. Allez donc droit au but, se dit-il, tout en restant imperturbable.

– Dure journée pour toi et pour nous tous. J'ai consulté des pères graves, ils sont unanimes. Tous croient que tu ne nous as pas dit la vérité. Tu es revenu de Jérusalem plus tôt que prévu sans donner d'explication. Comme si tu avais des choses à cacher. Le maître général est inquiet. Tu as donné l'impression d'abandonner le père Fromentin au moment où il avait le plus besoin de toi, et cela a créé un climat de suspicion chez nos frères de l'École biblique. Pourtant, ils avaient pour toi une grande admiration. Si tu n'es coupable de rien, pourquoi t'es-tu enfui de Jérusalem?

– Je ne me suis pas enfui. Le père Fromentin était d'accord avec mon départ précipité. D'ailleurs, tu connais mon attachement pour ce religieux que j'admire tant.

– Je pensais bien te connaître, Sébastien. Malgré toute l'estime que je te porte, j'ai l'impression qu'il y a un manque de transparence chez toi. Est-ce ton caractère de rebelle qui te force à dissimuler certains événements? Est-ce que tu me mens parce que tu te sens pris à ton propre piège?

– Que vas-tu chercher là, Jacques? Il y a eu plusieurs rebelles dans notre ordre depuis ses origines, et cela n'a pas empêché qu'ils soient ordonnés.

– Tes recherches te sont-elles montées à la tête? Fais-tu une dépression? Que s'est-il donc passé à Jérusalem? Je suis prêt à prendre ta défense, mais tu dois collaborer. Si tu as fait des choses répréhensibles, tu dois t'engager sous serment, devant le Seigneur présent dans ce sanctuaire, à réparer les torts causés à l'Église. Tu dois te repentir si tu as mal agi. J'ai peine à imaginer dans quel pétrin tu es. J'ai l'impression de parler à un étranger. Tu es au banc des accusés, Sébastien. Tu n'es pas du genre à accepter de vivre ton engagement religieux en victime. Je dois répondre de toi et je ne sais quoi dire. Dis quelque chose! Argumente! Ne t'enferme pas dans un mutisme qui ne peut que te nuire. Tu n'as que trente-trois ans. Ne gâche pas le bel avenir que tu as toujours devant toi.

Sébastien reste de glace. Un fossé d'incompréhension les sépare. Que répondre à ses accusateurs? Peuvent-ils entendre une vérité autre que celle qu'ils désirent entendre? Jacques est un homme bon, mais la contrainte du pouvoir et le poids du devoir l'empêchent d'écouter son interlocuteur avec objectivité. Pourtant, lors d'une visite à l'École biblique de Jérusalem, il avait manifesté un vif intérêt pour le travail que le jeune dominicain y effectuait. C'était avant sa nomination comme provincial. Un sentiment de désespoir habite Sébastien.

– Tu ne pourras emmurer la vérité. Ton silence te trahit. Il est vrai que la journée a été pénible, Sébastien. Je te laisse sur ces questions. Réfléchis-y bien avant de dormir. Demain, dans la matinée, nous reprendrons cette conversation.

Jacques se lève et, avant de se prosterner devant le tabernacle, il jette un regard furtif à Sébastien en lui disant :

– Que le Seigneur te bénisse.

Vêtu de sa grande robe blanche, il donne l'impression surréaliste de glisser vers la sortie. Sébastien aurait préféré que cette rencontre avec Jacques ne soit qu'une apparition nocturne. Cette scène cauchemardesque a pourtant eu lieu. En quittant l'église, il ressent un vertige comme s'il marchait au bord d'un abîme.

Sébastien s'est levé aux aurores. Avec ses bagages, bouclés depuis la veille, il se rend au terminus d'autobus. À la suite de sa rencontre avec Jacques Trudeau, il avait résolu de ne pas se présenter au second rendez-vous avec son supérieur et de se rendre comme prévu à Montréal chez ses amis, sans avertir quiconque de sa communauté. Un seul coup de téléphone, avant de s'engouffrer dans l'autobus, pour informer Alexandre de son heure d'arrivée.

Alexandre est sur le débarcadère lorsque l'autobus arrive au terminus de Montréal. Il ne doute nullement de l'intégrité de son ami, il lui fait confiance, bien qu'il soit impatient d'en savoir davantage sur cette saga ecclésiastique. Les deux amis se pointent à la maison au moment où Sophie en sort. Bien que ce soit dimanche, elle avait rendez-vous avec son éditeur afin de finaliser la maquette du stand pour le prochain Salon du livre. Sébastien est angoissé. La maison de ses amis est son port d'attache, son oasis de paix comme il se plaît à dire. Alexandre prépare le café. Assis à la table de la cuisine, on se prépare aux confidences. C'est dans cette même pièce que, trois ans auparavant, Sébastien avait parlé de son périple en Terre sainte et de sa passion pour l'archéo-logie et les manuscrits anciens.

III

La Sainte-Baume

Alexandre s'embarque pour un voyage aussi imprévu que mystérieux aux sources mêmes du christianisme. Sébastien sera son guide.

– Alex, tu connais ma passion pour l'histoire et l'archéologie. J'étais ici chez toi lorsque je t'ai annoncé mon projet de me perfectionner en exégèse. L'École biblique de Jérusalem, avec ses spécialistes de l'étude des manuscrits, était le lieu idéal pour parfaire ma formation. Les compétences que l'école a acquises, surtout au début du XXe siècle, dans l'étude des récits bibliques nous ont donné la magnifique traduction de la Bible de Jérusalem. D'ailleurs, dans ta bibliothèque, tu en as un exemplaire. Si tu te rappelles bien, je l'avais offerte à toi et à Sophie lorsque vous avez emménagé ici. Dès qu'il y a de nouvelles découvertes archéologiques concernant le christianisme ou des manuscrits écrits par des contemporains de Jésus, on fait immédiatement appel aux compétences de l'École biblique. Tu es certainement au courant de l'incroyable découverte des rouleaux de la mer Morte dans les grottes de Qumrân en 1947.

– Bien sûr que je le suis. D'ailleurs, je te rappelle à mon tour qu'il y a deux ans je t'ai fait parvenir à Jérusalem un article concernant l'utilisation des tests d'ADN pour identifier la provenance des diverses peaux qui ont servi de supports à ces manuscrits. Cette technique a permis de reconstituer les peaux à partir des traits spécifiques de chaque animal et d'assembler l'énorme casse-tête que représentent les milliers de petits fragments de peau sur lesquels sont écrits les manuscrits de Qumrân.

– Je vois que tu connais bien le sujet. Je continue. Un jeune Bédouin essayait de retrouver une de ses chèvres qui était tombée dans un trou. Il a alors fait la découverte d'une série de onze grottes contenant des jarres et, dans chacune de celles-ci, il a trouvé un manuscrit rédigé en langue hébraïque. Écrits sur des rouleaux de peaux d'animaux, ces manuscrits reproduisent des livres de la bible et ils constituent probablement les plus anciennes

copies des textes bibliques qui soient par-
venues jusqu'à nous. Une découverte majeure.
Eh bien! grâce à l'École biblique, j'ai participé à
l'analyse de manuscrits plus importants encore
que ceux de Qumrân. Tellement importants
qu'un secret les entoure. Certains voudraient
même les faire disparaître.

Le téléphone sonne, Alexandre sursaute. Un
mélange de curiosité et de surprise le rend
inquiet et même nerveux, ce qui n'est pas
habituel chez lui. Tout près du dévoilement du
secret de Sébastien, il ne veut pas qu'on le
dérange.

— Si on cherche à me joindre, je ne suis pas
là, prévient Sébastien.

— Le répondeur prendra le message, le rassure Alexandre. Si c'est Sophie, elle a le numéro
de mon cellulaire.

Avant d'entendre la suite, Alexandre refait le
plein de café chaud. La silencieuse manœuvre
permet à Sébastien de ressentir le vif intérêt
de son ami, assorti d'une certaine méfiance. Le
secret qu'il s'apprête à lui révéler exige une
forte dose de confiance. En aura-t-il suffisamment? Sébastien entame son deuxième café
et reprend le fil de son récit.

— Tu sais que Marie-Madeleine était une
disciple de Jésus?

— Ce n'était pas une prostituée que fréquentait Jésus?

– Ce qui trahit ta pensée, ce n'est pas ta réponse mais ton sourire! C'est vrai qu'on l'a souvent présentée comme une pécheresse. La tradition orale a vu en elle une prostituée que Jésus a convertie, et non fréquentée dans le sens que ton sourire laissait supposer. Elle a changé de vie. Nous savions jusque tout récemment très peu de choses sur elle, sinon qu'elle faisait partie des disciples de Jésus. Les évangélistes parlent d'elle en la nommant Marie de Magdala. On la retrouve au pied de la croix du Golgotha et, au matin de Pâques, elle sera la première à qui le Christ ressuscité apparaîtra. La première communauté de croyants lui attribua un véritable charisme d'apôtre. Marie-Madeleine est aussi connue sous le nom de Marie de Béthanie, la sœur de Marthe et de Lazare.

– L'homme que Jésus a ressuscité?

– Il serait plus juste de dire qu'il lui a redonné la vie, car lorsqu'on ressuscite on ne meurt plus. Ce qui n'est pas le cas de Lazare. On dit « de Béthanie » parce que la famille de Marie habitait la ville de Béthanie située à trois kilomètres de Jérusalem. La tradition rapporte aussi que c'est Marie-Madeleine qui lava les pieds de Jésus avec un parfum très précieux et qui les essuya avec ses cheveux.

– Tu en parleras à Sophie. Chaque fois qu'elle voit un reportage où le pape se fait laver

les pieds pendant une célébration de la se-
maine sainte, elle en devient révoltée. Si en
plus, il fallait que ce soit par une femme, j'ose
à peine imaginer sa réaction. Entre toi et moi,
penses-tu que Marie-Madeleine a couché avec
Jésus?

— Alexandre, je ne te parle pas de couchette,
mais d'une disciple de Jésus.

— Elle aurait pu être l'amante et la disciple
de Jésus. L'un n'empêche pas l'autre, comme
on dit.

— Laisse-moi continuer, veux-tu. Je ne t'ap-
prendrai rien en te disant qu'après la mort et
la résurrection de Jésus les disciples ont fondé
des communautés de croyants. Après sa résurrection, on le nommait Christ, c'est-à-dire
Messie, soit l'incarnation de Dieu sur Terre.
C'est pourquoi ceux et celles qui adhéraient à
la révélation de Jésus portaient le nom de
chrétiens.

— Je te remercie pour ces informations,
Sébastien, mais le fait d'être un non-pratiquant
ne fait pas de moi un ignorant.

— Tu as raison, mais il faut que je main-
tienne la continuité historique pour que tu
saisisses l'ampleur de la découverte dans laquelle je suis impliqué. Le sanhédrin présidé
par le grand prêtre du Temple de Jérusalem
détient le pouvoir religieux et politique. Il ne

voit pas d'un bon œil la montée de cette secte religieuse issue d'un homme qu'on a condamné et mis à mort. Juive à l'origine, la secte chrétienne reconnaît que le Messie attendu depuis des millénaires par les Juifs est Jésus de Nazareth. Le sanhédrin veut détruire cette secte avant qu'elle ne devienne trop puissante et ne mette ainsi en péril leur pourvoir et leur autorité. Commence alors la terrible persécution des chrétiens, avec l'appui des Romains, leurs ennemis jurés. Marie-Madeleine et sa famille sont bien connues tant par leur statut social et leur richesse que par leur nouveau rôle de témoins du Christ. Lazare, Marthe et Marie sont considérés comme des intimes de Jésus, donc des témoins gênants. Il faut les faire disparaître sans laisser de traces car, s'ils subissent le martyre, ils deviendront des héros pour la cause du christianisme. C'est là qu'une légende est née, et je suis en mesure d'en confirmer l'exactitude sur plusieurs points. Vers l'an 40, des Juifs de Jérusalem avaient forcé Marie-Madeleine à partir en mer dans une barque sans voiles avec son frère Lazare. Avec eux, deux autres femmes, Marie-Jacobé sœur de Marie, la mère de Jésus, et Marie Salomé, mère de Jacques le Mineur et de Jean l'évangéliste. La croyance de l'époque voulait que la Terre soit plate et repose sur de gigantesques piliers. À l'extrémité de la Terre, la mer se déversait dans un immense précipice et la mort était la seule issue pour ceux qui se rendaient jusque-là. C'est pourquoi l'idée de les faire périr en mer apparut comme la solution idéale.

– Je n'ai jamais entendu parler d'une telle histoire.

– Laisse-moi continuer, Alex! Au lieu de tomber dans un précipice, la barque des infortunés disciples accoste au lieu connu aujourd'hui sous le nom de Saintes-Maries-de-la-Mer. Lazare s'installe dans la ville de Massalia, qui deviendra Marseille. Marie-Madeleine se dirige plutôt vers Saint-Maximin où elle se joint secrètement à la communauté des chrétiens. Sa réputation et son rôle clé auprès de Jésus avaient devancé son arrivée dans ce territoire romain. Marie voulait vivre en recluse et décide donc de se réfugier dans la forêt sacrée que l'on appellera forêt de la Sainte-Baume.

– Pourquoi l'a-t-on appelée «forêt de la Sainte-Baume»?

– La dévotion populaire a fait une association entre Marie-Madeleine et le parfum qu'elle a versé sur les pieds de Jésus et qui a eu l'effet d'un baume. Dans la région de Saint-Maximin, au lieu de dire le nom de Marie-Madeleine, on parlait de «la Sainte». Ainsi est née l'expression «la Sainte-Baume». Les

Gaulois et, par la suite, les Romains craignaient cette forêt et jamais ils n'osèrent y pénétrer.

– De quoi avaient-ils peur?

– Il s'agissait d'une forêt sacrée, d'un lieu habité par des divinités. Pénétrer dans la forêt signifiait la violation d'un territoire interdit. Dans la tradition populaire, les dieux étaient protégés par des forces maléfiques qui faisaient subir les pires châtiments à ceux qui profanaient cette forêt. Au cœur de ce grand boisé sauvage, accrochée à un flanc montagneux, une immense grotte sert de refuge à la Sainte. Elle y vécut pendant trente ans, ne recevant que la visite de son confesseur et confident, Maximin. La légende veut que la Sainte ait été portée tous les jours par des anges au sommet de la montagne où se trouve une esplanade dénudée surplombant la région, appelée le Saint-Pilon. Elle meurt dans son refuge en recevant la communion de son confesseur. Son corps fut enseveli dans cette grotte ainsi que les objets lui appartenant. Au centre de la grotte, au-dessus de son tombeau, on a érigé un autel de pierre. L'endroit est toujours un lieu de culte et de vénération.

Alexandre interrompt son ami et se lève.

– Tu ne t'en es pas aperçu, mais le téléphone a sonné souvent. Il y a peut-être une urgence, je vais écouter les messages.

Quelques minutes s'écoulent et la voix d'Alexandre retentit du salon.

— Viens écouter ça, monsieur l'exégète! J'ai comme l'impression qu'on te cherche.

Effectivement, plusieurs messages de Jacques Trudeau ont été enregistrés. Dans le dernier, le religieux déclare qu'il est en route pour Montréal et il demande à Alexandre de convaincre le jeune rebelle dominicain de venir le rencontrer.

— Il faut que je parte d'ici. Je ne suis pas encore prêt à tout lui expliquer.

Sébastien avait les traits tirés, autant en raison de l'événement de la dernière journée que d'un tête-à-tête éventuel avec son provincial.

— Tu n'exagères pas un peu? Jacques est un religieux pour qui tu as une grande estime. C'est probablement pour ton bien qu'il veut te rencontrer.

— Bien sûr que c'est pour mon bien! Même si c'est un homme que je respecte, c'est un grand naïf. Il ne peut comprendre ce qui m'arrive, et surtout ce que je sais.

— D'après ce que je constate, l'Église est portée sur les secrets. Tu dois en connaître tout un!

Le sourire moqueur d'Alexandre a l'effet d'une douce provocation sur Sébastien. Leur amitié avait traversé les tempêtes des longues soirées de discussion qui se terminaient inévitablement par un scotch pur malt, sans glace, et une amicale accolade. Ce matin, les deux amis affrontent ensemble non plus une tempête mais un ouragan. Alexandre ouvre ses bras athlétiques et enveloppe chaleureusement son ami. Sébastien, épuisé de fatigue et de rage, ne peut retenir ses larmes. Il puise dans la force de l'amitié le courage d'affronter les périls qui se dessinent. Alexandre rompt le silence.

– Partons pour Frelighsburg à notre maison de campagne. Personne ne connaît ce refuge, nous y serons en paix pour discuter.

– Bonne idée, d'autant plus que je n'ai jamais parlé de cet endroit à qui que ce soit.

– Je laisse une note à Sophie. Elle viendra nous rejoindre là-bas.

– J'apporte tous mes bagages, y compris ma valise métallique.

– Je croyais qu'elle contenait des documents pour tes recherches?

– Quand je t'aurai tout raconté, tu comprendras que le contenu de cette valise n'est pas étranger à mes problèmes.

Malgré sa curiosité, Alexandre ne le questionne pas davantage. Son ami saura en temps et lieu lui dévoiler le secret qu'elle renferme. Ils rassemblent vite leurs bagages. Tandis qu'Alexandre aide son ami, il jette un coup d'œil sur la valise brillante et métallique. Il n'ose y toucher ni même offrir à son ami de la transporter, comme si un mauvais sort avait été jeté sur elle. La valise est impressionnante par son aspect. Elle est recouverte d'un alliage d'aluminium poli, ciselé de formes géométriques. Les fermetures semblent solides et s'ouvrent par le jeu de deux cadrans numériques. Alexandre, intrigué, se demande quel mystère elle cache. En examinant son apparente solidité, il se dit qu'une telle valise pourrait résister à un écrasement d'avion. Heureusement que l'auto est stationnée dans le garage intérieur, cela nous met à l'abri des regards indiscrets, pense Alexandre. Il dépose la valise dans le coffre arrière et, sans même réfléchir à son geste, il la dissimule sous une couverture de laine.

Le pont Champlain traversé, comme un dernier obstacle franchi, la route s'ouvre enfin devant eux. Alexandre fait écouter à Sébastien sa dernière trouvaille musicale. Elle a l'effet d'un baume sur Sébastien qui, apaisé, fixe la route en songeant à Marie-Madeleine et à la Sainte-Baume. Ce pur temps de délice harmonise leur esprit. À l'horizon se dessine le mont Pinacle. On en gravit les hauteurs, et bientôt apparaît la maison rustique, entourée de pins et d'érables.

Le repas, frugal, est pris sans appétit. Le calme de ce magnifique refuge n'a pas eu raison de leur hantise, l'un de se raconter et l'autre de tout savoir. Assis à table, Sébastien se sent prêt à reprendre son récit. Au milieu de ce paysage sylvestre, il ne peut faire autrement que de créer un lien mystique avec la forêt de la Sainte-Baume. Alexandre lui sert une tisane et la table reste encombrée.

– Nous sommes comme Marie-Madeleine au cœur d'une forêt avec, en plus, le confort de ta maison, ce qui néanmoins n'a rien de comparable avec la grotte qu'elle a habitée. Malgré la crainte que suscitait la forêt sacrée, la grotte de la Sainte a connu rapidement une grande renommée. La tradition voyait en Marie de Magdala une pécheresse repentie. Ceux qui désiraient faire un pèlerinage de repentir voulaient se rendre à l'endroit même où elle reposait. C'est grâce à la découverte dont je vais te parler que j'ai pu étudier un document datant du IVe siècle après Jésus-Christ et qui a été écrit par un historien, Lucilius. C'est un fait connu qu'en 313 l'empereur de Rome, Constantin, s'est converti au christianisme. En 324, Constantin étend son empire en Orient et décide de convoquer un concile œcuménique à Nicée. Ce qui est nouveau, c'est un récit historique de Lucilius, gardé longtemps secret.

Il raconte que, pour démontrer sa bonne foi en l'Occident, Constantin entreprend une expédition en Gaule au lieu de pèlerinage de Marie-Madeleine. Par ce voyage, il veut exprimer à la chrétienté l'honnêteté de sa démarche de pénitent envers tous les martyrs chrétiens. Il fait le voyage en compagnie d'une suite imposante, dont Lucilius à qui il a confié la tâche de mettre son périple par écrit pour en prouver la véracité. C'est grâce aux écrits de Lucilius que l'on peut aujourd'hui reconstituer ce pèlerinage. Le manuscrit décrivant le voyage de l'empereur a été oublié dans les voûtes de la bibliothèque vaticane. Ce n'est que récemment que l'on a retrouvé sa trace.

– Quand tu dis « oublié », tu emploies presque un euphémisme. J'ai l'impression que le Vatican encourage souvent ce genre d'oubli, dit Alexandre, qui ne peut résister à ajouter un commentaire.

– Ne me le fais pas dire... Dans les documents retrouvés, Lucilius mentionne que Constantin, arrivé à la Sainte-Baume, entre d'abord seul dans la forêt sacrée pour prier sur le tombeau de la Sainte. Pour bien montrer qu'il vivait un pèlerinage de pénitent, il a auparavant pris soin de remplacer ses rutilants habits par des haillons. L'auteur raconte que l'empereur a passé neuf jours et neuf nuits à prier et à jeûner dans le lieu saint et que, pendant cette période, il s'est lié d'affection avec des frères chrétiens gardiens de la grotte.

– Comment pouvaient-ils lui faire confiance? D'autres empereurs avant lui, Néron par exemple, avaient massacré un grand nombre de chrétiens.

– C'est vrai mais, après la conversion de Constantin, les persécutions ont cessé dans le christianisme. Les croyants cachés dans les catacombes sortent au grand jour et peuvent enfin vivre leur foi. L'union de l'Église et du pouvoir impérial est scellée. On peut désormais faire confiance au pouvoir des Romains pour protéger l'Église et ses membres. C'est pourquoi, dans un tel climat, les frères de la Sainte-Baume se sont confiés à leur frère repenti, l'empereur lui-même. Ils lui dévoilent l'existence d'une grotte secrète. Depuis près de trois siècles, soit à partir de la mort de la Sainte, les gardiens du lieu se sont transmis le secret, avec promesse de ne jamais le divulguer, même sous menace de mort. Constantin croit que cette révélation est un signe de Dieu en récompense de sa conversion. Il réussit à convaincre les frères gardiens de lui montrer la grotte. C'est avec eux et de ses propres mains qu'il creuse pendant des jours pour en dégager l'entrée. Lorsque l'empereur ressort de la forêt, il rayonne, écrit Lucilius. Il a peine à s'exprimer et des larmes ruissellent sur son visage. Il garde le silence pendant sept jours et se retire dans sa tente dans le vaste campement érigé par sa suite. Puis Constantin confie ses volontés à son confesseur, Victor. À sa demande, on fait venir des forgerons et des tailleurs de marbre. Les soldats gardent les alentours du campement comme une véritable fortification. L'empereur fait sculpter deux sarcophages, l'un plus imposant en marbre et l'autre plus petit en bronze.

— Tu as vraiment le don de m'intriguer. D'abord une grotte secrète, ensuite un curieux chantier… Tu sais que tu parles à un architecte qui ne peut manquer de s'intéresser à l'utilisation des matériaux.

— Tu vas vite découvrir de quoi il est question. Constantin fait transporter les deux sarcophages par ses esclaves jusqu'à la grotte. L'expédition dure sept jours. Tu imagines qu'ils ont dû utiliser la force pour obliger les esclaves gaulois à entrer dans cette forêt interdite malgré leur peur des maléfices. La grotte était située dans un endroit escarpé et difficile d'accès.

— Est-ce qu'il y a une longue distance entre le début de la forêt et la grotte?

— Je l'ai parcourue plusieurs fois à pied, il faut compter environ une heure et quart. Avec le transport de deux charges de marbre et de bronze, on peut imaginer la difficulté de l'entreprise.

– Les sarcophages sont certainement différents de ceux des Égyptiens?

– Très différents même si, pour en juger, je n'ai vu que des photographies et une vidéocassette. Ils ont été taillés et fondus par des artisans gaulois qui n'avaient pas de tradition dans ce domaine. La facture est grossière, rien de comparable avec les dessins et les hiéroglyphes égyptiens. On suppose que l'empereur n'avait pas prévu l'exécution d'une telle œuvre pendant son voyage. Il n'avait pas amené avec lui des artisans romains plus expérimentés. Les sarcophages sont déposés à l'intérieur de la grotte dans deux lieux distincts. Le plus grand, en marbre, est déposé dans la grotte principale au centre, face à l'entrée et près de la paroi rocheuse; le plus petit, en bronze, est transporté dans une autre grotte de dimension plus modeste, qui communique avec la première grotte.

« Constantin fait disparaître ensuite les traces visibles de l'entrée de la deuxième grotte. C'est là que l'on avait disposé les objets personnels de la Sainte. Depuis la grotte principale, il fallait s'engouffrer dans un large corridor abrupt pour aboutir à cette cavité plus sèche que la précédente.

« Lorsque les deux sarcophages ont été mis en place, l'empereur reste seul avec les frères responsables du lieu saint. Il scelle les deux objets en les marquant de son sceau impérial. On mure à nouveau l'entrée et les frères promettent d'en respecter le secret. Le document écrit par Lucilius ne donne aucun détail sur l'emplacement des sarcophages ni sur leur contenu. »

— Et toi, tu as découvert ces sarcophages ?

— Pas vraiment. Il faut que tu sois patient et que tu comprennes bien le parcours historique de cette découverte. J'y arrive. Au VIIIe siècle, la Provence est envahie par les Sarrasins. Ceux qu'on surnomme les infidèles profanent les lieux sacrés en quête de butin. La population entreprend de transporter le précieux tombeau contenant les restes de la Sainte, ainsi que le trésor accumulé au fil des ans, dans un lieu moins connu que la grotte de la Sainte-Baume. En effet, depuis le passage de l'empereur Constantin, tous les rois et princes chrétiens venaient en pèlerinage à la grotte. On y apportait de précieux cadeaux et des objets de valeur en signe de repentir. On déterre un seul des sarcophages, le plus imposant en marbre, et on le transporte avec grande difficulté à Saint-Maximin. Les siècles et la mémoire collective ont effacé les traces du deuxième sarcophage, en bronze, camouflé dans la plus petite grotte devenue inaccessible. C'est dans une modeste église que l'on enfouit profondément le sarcophage de marbre. Lorsque les Sarrasins pillent la grotte de la Sainte-Baume et la ville de Saint-Maximin, ils ne découvrent pas le tombeau de la Sainte tant vénérée. Certains subissent le martyre plutôt que de révéler le secret. Il faut attendre le XIIIᵉ siècle pour redonner à Marie de Magdala un lieu digne de sa vénération. En 1279, le prince Charles de Salerne, fils de Charles Iᵉʳ, roi de Naples et de Sicile et comte de Provence et frère du roi Louis IX (saint Louis), fait effectuer des fouilles et retrouve le tombeau de Marie de Magdala. Après sa découverte, il fait ériger la basilique dédiée à sainte Marie-Madeleine. En même temps, il fait construire le couvent royal des Dominicains et confie aux religieux la charge de veiller sur ce lieu saint.

— Ouf! je savais que tu avais une mémoire phénoménale mais, là, tu m'épates vraiment, Sébastien!

— Je n'ai aucun mérite, cette histoire me passionne au plus haut point, dit Sébastien en esquissant un sourire radieux, qui en dit long sur son appréciation de la remarque d'Alexandre.

— C'est dans la basilique qu'avec faste et recueillement on transporte sans l'ouvrir le tombeau de Marie de Magdala. On l'emmure sous l'autel principal, après l'avoir scellé et avoir rendu le lieu inaccessible aux profanateurs. En 1660, après son passage à la basilique, Louis XIV avait fait modifier somptueusement le chœur de la basilique et, du même coup, fait disparaître les dernières traces du céleste butin. On en arrive ainsi à oublier la présence du tombeau et on croit que le corps de la Sainte a disparu.

Sébastien prend conscience de l'effort d'attention qu'il a exigé de son interlocuteur.

— Alexandre, je pense qu'il est temps de faire la pause feu de foyer. Je te raconterai le dénouement après.

— Pas question, je veux savoir maintenant, après j'allumerai le foyer.

Sébastien lui sourit et se remet à raconter.

IV

La découverte

Sébastien en a long à raconter. Ce qui le rassure, c'est l'intérêt sincère et soutenu d'Alexandre. Cela lui donne le courage de continuer. En racontant les péripéties de son voyage, il revit d'intenses émotions qu'il s'efforce maladroitement de dissimuler. Le fait d'en parler joue le rôle d'une thérapie et Alexandre en est pleinement conscient.

— Je vais te raconter les événements contemporains à cette découverte.

— J'en suis ravi! lance Alexandre d'un ton à la fois bienveillant et captivé.

Il sent que le dénouement approche. Sa nervosité est palpable et, maintenant qu'il connaît les conséquences de toute cette aventure, c'est avec gravité qu'il se concentre.

— En 1996, le pape a promulgué que l'an 2000 serait une année sainte. Une façon exceptionnelle de souligner l'entrée dans le nouveau millénaire. C'est à ce moment qu'une idée a germé chez l'astucieux curé de la basilique de Saint-Maximin, l'abbé Marcel de Grandbois que j'ai eu le plaisir de rencontrer sur place. Il m'avait déjà confié que la baisse de la pratique religieuse l'affectait beaucoup et il cherchait un moyen de revitaliser ce lieu de pèlerinage. Il avait un doute concernant l'authenticité du tombeau de Marie-Madeleine et espérait qu'un jour il pourrait résoudre l'énigme. L'année sainte lui en a donné l'occasion.

« Fin stratège, l'abbé de Grandbois avait ses entrées au Vatican. Son frère, ecclésiastique lui aussi, est un ami du cardinal Boris Kovalevsky, responsable de l'administration des budgets pour les grandes fêtes du prochain millénaire. Dans le but d'attirer plus de pèlerins à la basilique de Sainte-Marie-Madeleine, le curé tenta de convaincre le Vatican de réaménager la grotte de la Sainte-Baume où avait vécu Marie-Madeleine. Et il gagna sa cause.

« Les travaux ont débuté à l'été 1997. Les fouilles ont mis à jour le sarcophage de Marie de Magdala, enfoui sous la basilique. Le sarcophage en marbre, marqué aux effigies de l'empereur Constantin, contenait effectivement les restes de la sainte pénitente, donnant ainsi raison à la tradition. Tu imagines la joie du curé. En même temps, on s'affaire à consolider la grotte de la Sainte-Baume, car il y a danger d'effondrement. Les fouilles ont permis de découvrir l'entrée secrète de l'autre grotte, ainsi que l'existence du second sarcophage. D'abord on a pensé qu'il devait renfermer une partie des restes de sainte Marie-Madeleine. Il n'est pas rare en effet que l'on dépèce le corps d'un saint pour en faire des reliquaires.

« Par contre, le deuxième sarcophage restait une énigme. En bronze, plus petit, caché et entouré d'objets ayant probablement appartenu à Marie-Madeleine. Une question troublante a surgi. Contiendrait-il la dépouille d'un enfant? Était-ce un enfant de Marie-Madeleine? Qui en était le père? Sachant que la pénitente convertie avait vécu dans la proximité de Jésus, un véritable climat de panique s'est installé parmi les chercheurs. »

— Là, tu excites ma curiosité pour vrai. Jésus aurait eu un enfant de Marie-Madeleine?

— J'y arrive. Tu comprends bien maintenant la portée de l'incroyable hypothèse et la raison pour laquelle personne ne voulut prendre la responsabilité d'ouvrir le sarcophage. D'après les inscriptions et les bas-reliefs, sa fabrication remontait au IVᵉ siècle sous le règne de l'empereur Constantin Iᵉʳ et son sceau était identique à celui que ledit empereur avait apposé sur le sarcophage de marbre. Si ce sarcophage contenait bien les restes d'un enfant, seul le pape avait autorité pour dévoiler un tel secret. Et si cet enfant avait un divin père? Personne n'osa formuler une telle question et encore moins essayer d'y répondre. En raison de l'accès difficile de la grotte, il fut convenu de transporter le sarcophage de bronze dans une salle du couvent royal des Dominicains, tout à côté de la basilique, ce lieu étant bien protégé des indiscrétions.

Rivé à son siège par les propos de Sébastien, Alexandre n'entend pas tout de suite la sonnerie du téléphone. Puis, il décroche : c'est Sophie. Elle s'inquiète du message laconique qu'il lui a laissé sur le comptoir de la cuisine. Mise au fait par son ami, elle comprend vite que Sébastien est dans une situation délicate. Alexandre raccroche.

– Elle nous rejoint après quelques emplettes. Continue ton récit, je suis très curieux d'en connaître la suite.

– Les archéologues voulaient éviter d'ébruiter cette découverte archéologique d'importance. Le Saint-Siège avait sur place son homme de confiance, le cardinal Nicolas Minazoli, responsable de la Sacrée Congrégation pour la doctrine de la foi. Celui-ci exigeait certaines garanties avant de dévoiler quoi que ce soit sur cette mystérieuse découverte. Puis des instructions arrivèrent de Rome. On pouvait procéder à l'ouverture du second sarcophage mais à la condition que tous les spécialistes présents soient catholiques. De plus, le Vatican exigeait un serment de fidélité papale afin de permettre au chef de l'Église seul de prendre la dernière décision sur la divulgation de cette découverte. Pour éviter d'embrouiller les consciences, l'Église a pour attitude de nier l'existence de faits troublants.

— Tu parles d'une transparence!

— Tu sais, certaines personnes ont une foi chancelante, et la moindre contrariété risque de les perturber. Avoir une foi adulte n'est pas si évident qu'on le dit. Je reviens à Saint-Maximin. On s'aperçut que le sarcophage de la grotte ne contenait pas de restes humains. On m'a raconté que le cardinal Minazoli osa sourire, ce qui constitue en soi un véritable événement. Le cardinal Minazoli a communiqué aussitôt la nouvelle à Rome. Par contre, si le pire avait été évité, ce qu'on allait y découvrir a produit une inquiétude encore plus grande pour le Vatican. On trouva dans le sarcophage, bien disposées les unes à côté des autres, treize petites amphores. L'une d'elles portait à son encolure un bijou en or ciselé.

On était en présence d'une énigme. Le cardinal Minazoli prit l'initiative de faire ouvrir l'amphore parée du bijou. On la déplaça avec d'infinies précautions. L'ouvrir demanda beaucoup d'ingéniosité. On avait fabriqué un carcan de bois qui permettait de soutenir l'amphore à la verticale. À l'intérieur, on trouva deux rouleaux de cuir retenus par des bandelettes, elles aussi de cuir. On ne déroula qu'une infime partie du plus petit rouleau pour constater qu'il était couvert d'écritures. Le lieu n'étant pas propice à une analyse plus approfondie, le cardinal voulut tout faire transporter à Rome. Parmi les archéologues et les spécialistes présents, il y avait l'abbé Devan, qui insista auprès du cardinal pour procéder tout de suite à une première analyse. L'abbé lui fit comprendre que, en raison de la fragilité du rouleau, celui-ci devait être étudié dans des conditions optimales afin d'éviter la détérioration du cuir et l'effacement des signes scripturaires. L'argument des dommages éventuels l'emporta sur les inquiétudes cardinalices. En fait, monseigneur Minazoli voulait à tout prix éviter que la prochaine découverte ne soit annoncée sans l'accord de Rome. Il était plus habitué à travailler avec suspicion qu'avec transparence. Il décida donc de reporter sa décision au lendemain. Il devait consulter les autorités.

Alexandre, surexcité, se promène en décrivant un large cercle autour de la table.

– Décidément, les gens d'Église ont l'art de compliquer ce qui est simple.

– La situation n'est pas aussi simple que tu penses. Notre foi est basée sur une tradition transmise oralement avant d'être écrite. Dès qu'il y a une découverte de manuscrits qui semble reliée à l'histoire des premiers témoins du christianisme, l'impact est immense.

– J'ai l'impression que l'Église craint de découvrir des vérités qui mettraient en question les fondements de sa doctrine et qui l'obligeraient à réviser ses enseignements. Je te laisse continuer, tu vas certainement éclaircir mes idées là-dessus.

– Revenons à nos moutons. Comme prévu, le lendemain matin, après avoir célébré privément sa messe, le cardinal Minazoli se présente dans la salle de l'expertise. L'abbé Devan, qui a travaillé toute la nuit, essaie de faire comprendre au cardinal qu'il dispose de tout le matériel nécessaire pour entreprendre une étude rigoureuse des manuscrits. Le cardinal, calme en apparence, montre des signes d'agacement. Il explique que, après avoir fait de nombreuses consultations, il a obtenu l'autorisation pour que l'on procède sur place à l'analyse. En premier lieu, il veut s'assurer du contenu des autres amphores. On les ouvre avec les mêmes précautions que la première et on découvre que chacune renfermait elle aussi un manuscrit. On confirma que le sarcophage datait de l'époque de l'empereur Constantin et qu'il avait été scellé de son sceau; quant aux dessins ornant le sarcophage, ils étaient bel et bien de facture romaine. Pourtant, les amphores ressemblaient à celles utilisées par les Gaulois. Les spécialistes crurent alors qu'ils étaient en présence de manuscrits datant de cette époque, soit du IV siècle. À ce stade de la recherche, on ignorait toujours l'existence des documents écrits par Lucilius, qui confirmaient la visite de l'empereur Constantin lui-même à la grotte de la Sainte. L'abbé Devan entérina que les signes scripturaires étaient écrits en araméen, donc dans la langue de Jésus et de Marie de Magdala. Le cardinal ne voulut pas y croire et faillit faire interrompre les analyses. Cependant, l'abbé Devan lui infligea le coup fatal. Après l'examen rapide du rouleau qui se trouvait dans l'amphore décorée d'un bijou comme en portaient les Judéennes au temps de Jésus, il avait identifié une signature à la dernière ligne du manuscrit, soit : «Marie, ta disciple bien-aimée».

Alexandre, abasourdi, arrête son manège autour de la table pour se cramponner à une chaise en fixant Sébastien.

– Je croyais que les Juives contemporaines de Jésus ne savaient ni lire ni écrire. Même que c'était interdit aux femmes.

– Tu as raison. C'est justement pourquoi cette découverte est si troublante. Le Nouveau Testament est composé d'écrits fondés sur des témoins. Marie-Madeleine en est un. Ses écrits ont valeur d'évangile. Tu vois bien l'impact de ces manuscrits. Déchiré entre la joie de la découverte et la crainte qu'une telle révélation ne vienne ébranler les fondements de l'enseignement doctrinal de l'Église, le cardinal vivait un incroyable paradoxe. Il a demandé à l'abbé Devan de vérifier l'autre rouleau déposé dans la même amphore. Le parchemin était également écrit en araméen. Le cardinal, dans un sursaut d'impatience, a exigé une reconnaissance immédiate de la signature. L'abbé Devan lui a confirmé que la signature était bien celle de Marie la Magdaléenne, fidèle témoin de Jésus. L'abbé avait remarqué que, contrairement aux autres, cette amphore portait un attribut féminin à l'encolure. Il a donc demandé au cardinal s'il pouvait vérifier le contenu des autres manuscrits contenus dans les amphores qui ne portaient pas de signe distinctif. Malgré son propre scepticisme et dans le but de satisfaire la curiosité scientifique de l'abbé, le cardinal l'a autorisé à vérifier un seul des autres manuscrits. Avec mille et une précautions, on a donc recommencé la délicate opération. L'abbé Devan, penché sur le précieux manuscrit, lut et relut la dernière ligne du deuxième manuscrit. Les yeux brouillés d'émotion, le spécialiste de l'écriture est resté bouche bée.

– Ne me fais pas languir! Qu'est ce que l'abbé a vu de si terrible?

– Tous les regards étaient sur lui et il ne prononça que ces mots : « Jésus le Nazaréen ». Il a répété : « Jésus le Nazaréen ». Le cardinal décodait mal ce que l'abbé disait. Celui-ci retrouva son souffle et lui dit clairement que la signature au bas du manuscrit n'était pas « Marie la Magdaléenne », ou « Marie, ta disciple bien-aimée », mais bien « Jésus le Nazaréen ».

Sébastien se tait. Alexandre sait ce que cela signifie pour son ami.

– Tu as vu cette signature?

– Non seulement je l'ai vue, mais j'ai apporté le manuscrit avec moi dans ma valise.

– Tu as, dans ta valise, un manuscrit signé de la main de Jésus?

– Oui, tu as bien compris.

Alexandre, les yeux grands ouverts, est paralysé. En quelques secondes, Sébastien venait de lui révéler l'ampleur de la découverte.

– Tu as vu et lu un texte écrit par Jésus ? demande Alexandre avec une pointe de scepticisme.

– En quelque sorte, répond laconiquement Sébastien.

Alexandre se décide à faire du feu dans la cheminée. Par son récit, Sébastien l'avait atteint jusque dans son âme et lui avait transmis le cœur de sa foi. Il devine maintenant la souffrance que son ami a dû subir lorsque le magistère de l'Église a mis sa foi en doute en lui refusant l'ordination. Ce refus met en cause non seulement la profondeur de la foi de Sébastien, mais aussi l'authenticité de son parcours et l'intégrité même de sa personne. Alexandre est surpris de ses propres réflexions. Une signature toute simple, « Jésus le Nazaréen », et tout s'éclaire. Envoûté par ses pensées, il brasse machinalement les cendres froides du foyer. La présence de Sébastien derrière lui le ramène à la réalité.

– Si j'ajoutais de l'écorce, du papier et du petits bois, cela ferait un meilleur feu.

Le feu crépite maintenant dans l'âtre et les deux amis se réchauffent l'esprit et le cœur. Le temps s'est comme arrêté.

– Merci pour le feu, Alex. J'ai l'impression qu'un peu d'air frais aussi nous ferait du bien.

Le chant des oiseaux dans la fraîcheur automnale leur apparaît comme un hymne à la vie avant le long hiver. Soudain, sur le chemin de terre, un bruit de cailloux indique qu'une auto arrive. C'est Sophie. Radieuse et confortable dans ses larges vêtements d'automne, elle se présente aux deux acolytes. Ils la sentent heureuse. Son arrivée est source de joie et de réconfort. Elle veut tout savoir, se nourrir de ce qu'ils ont vécu, comprendre les événements qui se bousculent depuis quelques heures.

– Dites-moi tout! Je ne veux rien manquer de vos échanges de la journée.

– Alexandre va s'en charger, il en a tellement envie, dit Sébastien, heureux de l'intérêt que ses amis manifestent à son égard.

– Vite, entrons! ajoute Alexandre, pressé de remplir son mandat.

Dans la maison, une douce chaleur règne. L'odeur des bûches d'érable qui se consument embaume la maison. On décide de partager la bouteille de vin que Sophie a apportée. Alexandre se dévoue et fait le service. Le délicieux bordeaux rouge est versé, l'amitié fait le reste. Peu de mots sont échangés. Alexandre, qui n'est pas doué pour les récits, se lance dans une synthèse qui met, pour ainsi dire, Sophie « au parfum » de l'histoire racontée par Sébastien. Celui-ci scrute le visage de Sophie.

La mise en situation d'Alexandre a eu pour effet d'émoustiller la curiosité de son amie.

Sophie a une formation de bibliothécaire mais travaille dans l'édition. Il y a quelques années, elle a suivi des cours en études médiévales. Perfectionniste, elle avait trouvé en Alexandre l'homme qui savait maîtriser ses excès. C'est de lui qu'elle voudrait un enfant, mais elle ne se sent pas prête. Pour le moment, sa curiosité la pousse à en apprendre davantage sur ces manuscrits. Avec maladresse, elle lance en boutade à Sébastien :

— Comme ça, tu possèdes un document écrit de la main de Jésus ?

Ce dernier ne se formalise pas de sa manière directe d'interroger.

— N'allons pas trop vite.

— Je n'ai pas inventé cette histoire d'un manuscrit autographe de Jésus, riposte Alexandre. Je la tiens de Sébastien, qui dit vrai.

— Il est vrai que j'ai son nom inscrit sur un manuscrit, mais il faut situer tout cela dans son contexte. Je vais continuer mon récit. Si vous avez besoin d'éclaircissements, je les donnerai au fur et à mesure.

— On t'écoute !

— Nous sommes maintenant dans la salle du chapitre des Dominicains du couvent royal de Saint-Maximin.

— Qu'est-ce qu'un chapitre ? s'enquiert Sophie.

– C'est une assemblée des religieux d'un même couvent qui se réunit dans une salle pour délibérer sur les affaires courantes de la communauté ou sur la gestion du gouvernement de l'Ordre. C'est dans cette salle que les spécialistes sont réunis. On vient de découvrir que des manuscrits portent la signature de Jésus le Nazaréen. L'ampleur de la découverte dépasse toutes les attentes car, jusqu'à ce jour, l'Église avait toujours enseigné que Jésus n'avait laissé aucun écrit. La seule fois où, dans les Évangiles, on relate des circonstances en rapport avec l'écriture, c'est lorsque Jésus écrit dans le sable.

– Je suis curieuse. Qu'est-ce qu'il a écrit?

– On n'en sait rien. L'évangéliste Jean explique que des scribes et des pharisiens voulaient lapider une femme coupable d'adultère. Jésus ne l'a pas jugée et, comme réponse, il a écrit sur le sol et Jean n'a rien dit de ce que le Maître avait écrit. Curieusement ce passage de l'Évangile de Jean se situe, selon certains exégètes, lors d'une rencontre entre Jésus et Marie-Madeleine. Cette femme accusée d'adultère serait Marie-Madeleine, même si elle n'est pas explicitement nommée dans le texte de Jean.

– C'est bien une affaire d'hommes, la religion! réplique Sophie. Ça prend des hypocrites pour lapider une femme comme si elle était la seule fautive. Et les hommes qui brutalisent les femmes, est-ce qu'on les lapide aussi?

— Tu as raison, Sophie, mais laisse-le continuer. Nous avons souvent parlé de ce sujet entre nous.

— Rien n'empêche que ça me révolte! Chaque fois que je suis en présence d'une situation où les femmes sont bafouées par la religion, je m'insurge. Dans l'Église catholique, la seule place que les femmes peuvent espérer obtenir, c'est comme servantes de curés. Excuse-moi, Sébastien, je ne pouvais pas garder cela en dedans de moi. Les derniers événements ont ravivé ma révolte face à l'injustice. Continue.

— Pour le cardinal Minazoli, la découverte des manuscrits risquait de chambarder l'enseignement doctrinal de l'Église, basé sur des récits de témoins comme les apôtres et non sur des documents écrits par Jésus lui-même. Il préférait croire qu'il s'agissait de faux documents anciens produits par malversation. Il devenait impérieux que les manuscrits soient mis en sécurité dans les voûtes de la Bibliothèque vaticane. Dans le plus grand secret, sans que les frères dominicains gardiens de la grotte de la Sainte-Baume soient prévenus, un convoi routier arriva au couvent royal. Le cardinal avait décidé que le voyage se ferait de nuit et sans escale jusqu'à Rome. Une équipe de spécialistes de ladite bibliothèque supervisa l'empaquetage et la manutention des amphores. Pendant des mois, on resta sans nouvelles. Les frères de la Sainte-Baume tentèrent par tous les moyens d'obtenir de l'information. Rien ne transpira du Vatican.

— Les secrets et les mystères sont si ancrés dans la tradition de l'Église catholique que sans eux la foi n'existerait pas. En tant que femme, j'ai parfois l'impression que l'Église fonctionne comme une secte masculine qui se protège derrière la muraille du silence, de la suspicion et du secret. Jésus a certainement été plus transparent que ses successeurs.

— On ne succède pas au Christ, on essaye de lui devenir semblable, réplique le dominicain.

— C'est bien ce que j'ai dit. Si l'Église imitait le Christ, les femmes n'en seraient pas exclues et il y aurait plus de transparence à tous les niveaux de la hiérarchie.

— Chérie, je n'ai rien contre ce genre de débat, mais j'aimerais que Sébastien poursuive. Je suis intéressé de savoir comment cette saga ecclésiastique affecte sa situation actuelle.

— Pour vous expliquer l'ampleur des répercussions de toute cette affaire sur ma situation actuelle, je dois revenir à l'analyse des fameux manuscrits. Dans une seule lettre laconique envoyée au maître de l'Ordre, le Vatican l'avise qu'un sarcophage a été expédié à la Bibliothèque de la Cité pour expertise. On tenta dès lors d'attirer l'attention sur la mise en valeur du corps de la Sainte reposant dans le sarcophage de marbre. On dépensa beaucoup de sous pour redonner à la basilique Sainte-Marie-Madeleine sa splendeur d'antan. Tous les efforts seraient déployés pour que les travaux de restauration se terminent à temps pour l'inauguration du prochain millénaire. On laissa planer l'idée que le pape viendrait en personne inaugurer la restauration du tombeau de Marie-Madeleine. Le Vatican déploya tellement d'énergie dans cette manœuvre qu'il réussit à faire croire que le sarcophage retenu à Rome était un élément secondaire de la célébration. En 1997, un dominicain, le père Louis-Marie Fromentin, bibliste et exégète de l'École biblique de Jérusalem, est mandaté par le Vatican pour étudier les manuscrits. Au début, il hésita, prétextant un problème de santé. Monseigneur Minazoli lui signifia que c'était une demande du Saint-Père, alors l'exégète comprit qu'il valait mieux se présenter au Vatican.

— C'est le professeur de Jérusalem dont tu nous as déjà parlé, celui que tu aimes tant? lui demande Sophie.

– Le père Fromentin est pour moi un maître. Sa réputation internationale comme bibliste et exégète ne lui a pas enflé la tête. Il n'aime pas le faste romain. Il m'a déjà raconté qu'il préférait de beaucoup aller prier dans les églises romanes, souvent dépouillées de leur trésor. Il est de ceux qui rêvent qu'un jour le Vatican appartienne à une commission internationale de préservation du patrimoine mondial et que l'administration de l'Église occupe des lieux plus modestes, plus conformes à l'esprit évangélique et surtout plus accessibles aux fidèles. On peut imaginer combien cette visite au Vatican devait le contrarier. Par contre, le père Fromentin a toujours travaillé pour l'Église avec une intégrité et un dévouement exemplaires. Il se tenait le plus loin possible du pouvoir et de ses représentants. J'ai envers ce savant une immense reconnaissance et une profonde admiration. Il était plus qu'un professeur, plus qu'un maître. Il était devenu en quelque sorte mon confident, mon ami. C'est lui qui m'a aidé à reconstituer les faits dans l'histoire que je viens de vous raconter.

«Le cardinal Minazoli le reçut et le conduisit dans une salle isolée, en dessous de la Bibliothèque vaticane. Pour la première fois, le père Fromentin vit le sarcophage de bronze et les amphores. Chacune d'elles était supportée par un carcan de bois. Au centre de la pièce, étendus sous des vitres sans reflet, des morceaux de cuir couverts d'écritures. Le père Fromentin comprit qu'il se trouvait en présence de manuscrits assez bien conservés. Les peaux desséchées n'avaient pas connu le pillage des manuscrits de la mer Morte sur lesquels il avait beaucoup travaillé. Il avait l'immense tâche de rassembler des milliers de petits morceaux de cuir et d'en reconstituer l'écriture. "Dans cette salle des voûtes de la Bibliothèque vaticane, je n'ai vu aucune richesse comparable", me dit-il.

« Le cardinal lui expliqua l'origine des manuscrits. Grâce au carbone 14, on avait pu établir que les peaux avaient presque deux mille ans. Il y avait autant de peaux de cuir que d'amphores, soit quatorze au total. Il l'informa que deux manuscrits portaient une signature différente. Le plus court manuscrit était signé "Marie, ta disciple bien-aimée" et l'autre, plus volumineux, "Marie la Magdaléenne". La signature sur les autres manuscrits intrigua l'exégète, qui demanda s'ils portaient tous la même signature. Le cardinal hésita avant de répondre, ce qui intrigua encore plus le père Fromentin. Puis il lui dit de constater par lui-même. Le dominicain procéda à un examen minutieux des manuscrits. Il n'en crut pas ses yeux. Il se tourna vers le cardinal qui, manifestement,

•

arborait un sourire rarissime chez lui. Le père Fromentin, peu enclin à l'exubérance, chuchota : "Jésus le Nazaréen! Quelle signature! Et quel contenu je suppose..." L'expert reprit aussitôt le dessus sur l'homme. S'agissait-il de copies ou de documents écrits de la main même de Jésus?

« Le cardinal lui répliqua que c'était à lui de répondre à cette question, que c'était dans ce but que Sa Sainteté faisait appel à ses services. Il le mit au courant des résultats des premiers experts; selon eux, la personne qui avait écrit le manuscrit et signé "Marie, ta disciple bien-aimée" était la même qui avait écrit les autres. Une seule main et deux auteurs. L'exégète devait donner l'assurance absolue quant à l'authenticité de l'auteur et, pour ce faire, il devait examiner minutieusement la calligraphie et le contenu des manuscrits. »

– Le Vatican semble avoir en haute estime ton ami bibliste. Travailler avec un tel personnage doit être stimulant. Mais je suis surprise qu'un dominicain travaille à la Bibliothèque vaticane, j'avais l'impression que c'était une chasse gardée.

– Le père Fromentin ne voulait pas travailler au Vatican. Aussi il a demandé de transporter ce trésor spirituel à l'École biblique de Jérusalem. Pour le cardinal Minazoli, il était impensable que les manuscrits quittent la Cité vaticane. Il accepta par contre que les spécialistes en fassent des copies. En contrepartie, le cardinal voulut s'assurer que le père Fromentin lui serait assujetti. Il devait signer un serment de fidélité le soumettant à l'autorité romaine. Le père Fromentin m'a confié qu'il a failli faire une sainte colère. Mais il n'en fit rien. Cependant, il rappela avec fermeté que l'ordre de Saint-Dominique avait, depuis sa fondation au XIIIe siècle, évité ce genre de piège. Tout en étant respectueux de la gestion du pouvoir de l'Église, il ne saurait, en tant que dominicain, agir à l'encontre même de la volonté du fondateur qui avait eu le souci de préserver ses frères d'une quelconque tutelle, que ce soit celle du pape ou d'un évêque. Servir Dieu et l'Église, oui mais avec liberté, discernement et respect. Les dominicains sont d'abord et avant tout au service de la vérité. Il lui fit remarquer respectueusement que l'Église était de Dieu, et de Lui seul. Le cardinal demanda que l'on apporte une bible. L'astucieux cardinal avait choisi la Bible de Jérusalem, fruit de la compétence et de la rigueur intellectuelle de l'École biblique et dont la traduction était pour une bonne part redevable au père Fromentin. Monseigneur Minazoli lui demanda, puisqu'il servait Dieu et Dieu seul, s'il pouvait jurer sur la bible de garder le secret sur cette découverte et de ne jamais reproduire les manuscrits. Si le dominicain acceptait, le cardinal l'autoriserait à partir pour Jérusalem avec une seule copie des manuscrits, laquelle devrait, par la suite, lui être remise intacte. La copie des manuscrits ne pourrait être détruite à la fin des recherches; elle devrait être remise au cardinal à sa demande formelle. Le père Fromentin savait que cette recherche fascinante couronnerait ses longues années de travail vouées à une meilleure compréhension des sources chrétiennes de la foi. Il accepta. J'entre alors en scène. C'est à partir de ce moment que j'ai été initié à cette découverte et lié à mon tour par un secret que je vous divulgue aujourd'hui.

Alexandre, intrigué :

– As-tu aussi juré sur la bible?

– Le père Fromentin m'a demandé ma parole. Cela lui a suffi. Il voulait que je le seconde dans la transcription des manuscrits. Il a fallu presque deux ans pour y arriver. Nous en sommes venus à la conclusion que les manuscrits avaient été écrits dans la grotte de la Sainte-Baume par Marie de Magdala. Ces documents sont en fait des lettres que Jésus lui a dictées. Deux documents placés dans la même amphore, celle à laquelle était agrafée un bijou, semblent bien être de l'inspiration directe de

Marie-Madeleine. L'un des documents est une lettre personnelle et l'autre, un récit bibliographique et historique concernant les destinataires des treize lettres signées « Jésus le Nazaréen ».

– Un instant, Sébastien, je ne suis pas une géographe ni une historienne, mais tu sembles me dire qu'une certaine Marie de Magalda, depuis une grotte située à des centaines de kilomètres de Jérusalem, a écrit des documents en présence de Jésus et cela, bien après sa mort en croix? J'avoue que j'ai du mal à te suivre.

– Nous avons beaucoup appris à partir du deuxième rouleau trouvé dans l'amphore et contenant la lettre de Marie la Magdaléenne. Cette lettre nous a permis de mieux connaître les personnes qui gravitaient autour de Jésus. Marie-Madeleine est un témoin privilégié et elle nous éclaire sur le comportement de quelques contemporains proches de Jésus. Aussi, nous avons pu en savoir davantage sur son rôle. Elle était proche de Jésus et provenait d'une famille riche et bien connue à Béthanie, près de Jérusalem. Contrairement à ce que nous pensions, nous sommes en mesure d'affirmer, et ses écrits le confirment, qu'il y avait des femmes instruites au temps de Jésus. La religion juive étant dominée par les hommes, il n'était pas question à cette époque de permettre à des femmes de devenir scribes. On peut comprendre aujourd'hui que certaines avaient la formation nécessaire. Elles étaient capables non seulement de lire les Écritures, la Thora, ce qui correspond à la Bible pour nous, mais aussi d'exercer le métier de scribes. Marie-Madeleine serait devenue en quelque sorte la secrétaire de Jésus. Jésus lui a donc dicté plusieurs lettres qu'elle faisait ensuite parvenir aux destinataires. Pour des raisons que nous ignorons, les documents originaux ont disparu, probablement détruits pendant la période des persécutions chrétiennes. Marie-Madeleine, isolée dans la grotte de la Sainte-Baume, a dû se remémorer les lettres que Jésus lui avait dictées. Il faut comprendre que les Évangiles, comme l'ensemble des écrits bibliques, ont d'abord été des textes oraux, c'est-à-dire qu'on apprenait de mémoire les récits et qu'ils étaient écrits parfois des siècles plus tard. Comme tous les Juifs de son temps, Marie-Madeleine a certainement développé la faculté de mémoriser ces lettres, qui lui a permis de les reproduire intégralement. C'est probablement ce qui est arrivé dans la grotte de la Sainte-Baume. Pour les générations à venir, elle a voulu être la gardienne des lettres que Jésus lui avait dictées plusieurs décennies auparavant. La signature « Jésus le Nazaréen » n'est pas de la main de Jésus, mais bien de celle de Marie-Madeleine. Ce faisant, elle voulait sans doute montrer que le contenu des manuscrits respectait authentiquement la volonté de Jésus. Vous comprenez alors pourquoi ces lettres représentent le document le plus précieux que nous possédions dans la chrétienté.

– Avant l'arrivée de Sophie, tu m'as dit détenir dans ta valise la copie de ces manuscrits. N'as-tu pas donné ta parole au père Fromentin de garder le secret?

– Je n'ai pas trahi ma parole. Au contraire, j'y suis resté absolument fidèle. Il faut dire que, pendant ces deux ans, j'ai vécu des moments inoubliables avec le père Fromentin. Il avait déjà dépassé l'âge vénérable de quatre-vingts ans. J'étais en quelque sorte son héritier spirituel. Le printemps dernier, il a eu un malaise. C'est lui seul qui avait autorité pour garder la précieuse copie des manuscrits. Son cœur était mal en point et le prieur du couvent Saint-Étienne a dû intervenir afin qu'il interrompe ses recherches. Aucun frère du couvent, sauf moi, n'était au courant de l'objet de ses recherches. Les autorités du Vatican furent informées de son état de santé et le cardinal Minazoli, toujours suspicieux, craignait que les manuscrits ne tombent entre des mains moins collaboratrices.

« Le cardinal avait entretenu une correspondance aussi suivie que secrète avec mon professeur. Il voulait être informé de la moindre découverte. Bien entendu, il n'était pas au courant de mon rôle de collaborateur. Pendant l'hospitalisation de mon vénérable ami, il s'inquiéta davantage et communiqua avec le prieur du couvent, lui demandant d'interdire l'accès au lieu de travail du père Fromentin. Le prieur obtempéra en se disant que le cardinal était un homme un peu trop habitué à vivre dans une cité fermée. Au couvent Saint-Étienne de Jérusalem règne un climat de confiance absolue. Malgré les divergences d'opinions que les frères peuvent avoir sur les plans intellectuel et scientifique, la solidarité et le respect sont de rigueur.

« Lorsque le père Fromentin est revenu au couvent, il était très affaibli. Puis, en juillet dernier, le cardinal lui faisait parvenir, au nom de la Sacrée Congrégation, une lettre dans laquelle il mettait un terme à ses recherches, vu son état de santé. La missive rappelait les recommandations faites au religieux et lui demandait de préparer le renvoi officiel de l'unique copie des manuscrits. Pour calmer les craintes du Vatican, mon professeur en a retourné une partie seulement, soit la lettre de Marie la Magdaléenne contenant le récit historique sur les destinataires des lettres de Jésus. Il avait ainsi respecté sa promesse et avait expédié les manuscrits par voie diplomatique sans en faire d'autres copies. Il ne me reste que des souvenirs de ces manuscrits et j'espère avoir suffisamment de mémoire pour vous en livrer la traduction. Vous comprenez que ces recherches sont la propriété de la Sacrée Congrégation. Un légat papal devait arriver en septembre à l'École biblique pour récupérer la copie restante et les documents d'interprétation. Au moment où je vous parle, il ne doit plus rester aucune trace de cette recherche à notre École. »

— Si les résultats de votre recherche appartiennent au Vatican et que tu es lié par le serment que tu as fait au père Fromentin, pourquoi manquerais-tu à ta parole? Pourquoi tiens-tu tant à nous livrer ces résultats?

— Alexandre a raison, tu n'es pas obligé de nous dévoiler ton secret.

— Je vais vous expliquer, vous allez comprendre. La santé du père Fromentin a continué de décliner, surtout pendant la pénible canicule d'août. Depuis mai, je passais de nombreuses heures avec lui. Une nuit qu'il n'arrivait pas à dormir, il a utilisé la clochette placée sur sa table de chevet pour m'appeler. Je dormais dans la chambre voisine. Cette nuit-là, j'ai accouru dans sa modeste chambre encombrée de livres et de documents. Dans la pénombre, il m'a remis la clé de la salle où était rangée la précieuse copie. Il insista pour que j'aille immédiatement la prendre ainsi que la traduction. J'obéis sans trop comprendre la raison d'un tel empressement. J'avais l'impression de vivre un roman d'espionnage. Je me déplaçais dans la nuit, sans rien allumer par crainte d'attirer l'attention. J'avais surtout peur que l'insomniaque père Antoine ne surgisse dans un détour.

« Il fallu une deuxième intrusion pour ramener le tout, sans rencontrer l'ombre d'Antoine. Le père Fromentin était conscient qu'il se préparait à rejoindre son Créateur et croyait que cette découverte devait être connue de tous. Il savait que mon ordination était prévue pour octobre et que je devrais bientôt me rendre au Canada. Mon départ l'attristait, mais il ne voulait pas baisser les bras devant le légat du pape qui allait bientôt arriver. Son plan était bien arrêté. Je devais transporter secrètement dans mes bagages la copie et la traduction. Ensuite, je devais trouver un moyen de publier le résultat de ses recherches. Il disait qu'il n'avait rien à craindre, car Dieu choisit son heure pour faire connaître son visage. Pour lui, ces documents reflétaient l'un des visages de Dieu. C'était son devoir d'agir. De plus, il me conseilla de partir avant que le légat de Rome n'arrive. Il se voyait mourir et voulait que moi, son protégé, quitte Jérusalem avant qu'il ne ferme à jamais les yeux. "N'aie crainte, m'a-t-il dit, je tiendrai le coup. Il n'est pas question que je meure avant que tu n'aies quitté la Terre sainte." Je comprenais que, pour lui, le plus important était de terminer son œuvre terrestre par la publication des manuscrits. J'ai placé les documents dans la valise métallique qu'un Suédois de passage à l'École Biblique lui avait offerte.

« J'ai réussi à réserver un billet pour un vol direct vers Montréal. Je devais quitter dans trois jours. Les religieux du couvent, connaissant l'amitié que j'éprouvais pour mon confrère, ne comprenaient pas ma précipitation à partir. J'ai vécu des moments difficiles, car je ne pouvais rien dévoiler à mes frères tout en sachant que je ne reverrais plus mon ami vivant. Je me sentais lié à lui par-delà la mort et la mission qu'il m'avait confiée assurerait la continuité de son œuvre vouée à la révélation du message du Christ. Avant que je ne le quitte, il m'a donné sa bénédiction. Sa main fatiguée et moite se posa sur ma tête. J'ai senti à ce moment-là comme une onction : c'était sa foi qu'il me communiquait. Mes frères me saluèrent en me faisant sentir, sans mot dire, l'odieux de mon départ précipité. Pourtant, je n'accomplissais que mon devoir dans notre mission de recherche de la vérité. »

– Le père Fromentin est-il décédé? demande Sophie.

– Je ne pense pas, car depuis mon retour j'ai communiqué à trois reprises avec le prieur du couvent de Jérusalem, qui m'a confirmé que son état était stable. À mon dernier appel, il m'a mentionné discrètement qu'une personnalité du Vatican était de passage à l'École. Il posait beaucoup de questions, m'a-t-il dit. J'ai fait semblant d'ignorer l'importance de cette visite. En vérité cela m'énerve, car le père Fromentin doit se sentir seul dans son combat. Sur ce qui se passe à Jérusalem, j'en saurai plus long lorsque je parlerai à Jacques Trudeau. Je suis lié par mon engagement envers le père Fromentin et je veux remplir la mission qu'il m'a confiée avant de rencontrer mon supérieur. Les responsables dominicains, autant ici qu'à Rome, vont vouloir prendre les choses en main et je n'aurai plus la liberté d'agir. Pour eux, je ne suis qu'un frère étudiant, cela ne m'accorde aucune crédibilité. J'ai besoin de votre aide. J'avais l'intention de vous mettre dans le coup, mais seulement après mon ordination.

Sophie prend les choses en main.

– Nous allons d'abord manger et ensuite nous allons étudier la situation.

Il était devenu évident que, en raison de son expérience dans le domaine de l'édition, elle pourrait assurer la publication d'un document aussi précieux. Les préparatifs du repas ne parvenaient pas à calmer les esprits. Pour se relaxer, le trio parlait de tout et de rien, mais la formule ne réussit pas. En effet, le souper était à peine commencé que la conversation reprit de plus belle. Ils étaient maintenant trois associés dans la réalisation d'un projet dont la portée véritable leur échappait mais dont ils pouvaient saisir toute la pertinence. Et cela même si le couple n'avait encore qu'une mince idée du contenu des manuscrits. Sophie se sentait particulièrement d'attaque.

– Si je comprends bien, tu as ici la copie des manuscrits et leur traduction ?

– Tout à fait, répond Sébastien.

– Je ne peux plus attendre. J'aimerais que tu nous montres ces documents tout de suite et que tu nous les expliques.

– J'appuie sa demande, proclame Alexandre.

– D'accord, réplique Sébastien. Mais procédons par étape. Comme je l'ai expliqué plutôt à Alex, il y a deux catégories de manuscrits. Deux manuscrits portent la signature de Marie-Madeleine, et les douze autres sont des lettres signées du nom de Jésus le Nazaréen. Je voudrais commencer par la première catégorie. Surtout que je ne possède que la lettre écrite par Marie-Madeleine, l'autre manuscrit contenant des informations biographiques et historiques, comme vous le savez maintenant, a été expédié à Rome. Donc, je cite de mémoire.

– Va chercher ta valise, je n'en peux plus d'attendre, lui lance Sophie.

Elle avait eu l'occasion de manipuler des vieux manuscrits lors d'une visite à l'ancienne Bibliothèque nationale de Paris. Elle se souvenait de cette grande salle impressionnante où, assise à une table antique, elle examinait le précieux manuscrit que lui avait apporté un préposé aux mains gantées. Quelque chose de mystérieux et de sacré semblait se dégager de ce document unique, qui avait traversé les bouleversements de l'histoire. Elle savait que ce que Sébastien allait lui montrer n'était qu'une copie. Mais il n'en demeure pas moins que c'est la seule qui existe dans le monde, mis à part l'original gardé secret dans une voûte du Vatican. Elle se sentait privilégiée de vivre un tel moment. Frissonnante, elle s'agrippe à la main d'Alexandre qui partage aussi son émotion. Sébastien revient de sa chambre en tenant cette valise qui avait le poids d'une vie.

V

Les manuscrits

La table n'a pas été desservie. Les assiettes et les verres encore à demi pleins ont été délaissés par les convives. La curiosité a laissé place à un étrange sentiment où se mêlent le drame et le mystère. Sébastien dépose la valise sur le canapé et compose le code qui permet de la déverrouiller. Puis, il prend une grande respiration et l'ouvre. Les trois amis se penchent sur la malle. Accroupi, Sébastien déplie comme un linceul le tissu bleu qui recouvre le précieux contenu. De grandes enveloppes blanches sont superposées. Le dominicain saisit celle du dessus. Une large étiquette porte l'inscription : «Marie-Madeleine, document 1 ».

– Je savais qu'il ne s'agissait que de copies, mais je m'attendais presque à voir des morceaux de vieilles peaux de brebis. Cela est sans doute dû à mon imagination, mais je ne m'attendais pas à trouver une pile d'enveloppes comme celles que l'on range dans...

— ... une valise d'architecte, ajoute Alexandre.

— Soyez assurés que c'est un véritable trésor spirituel qui se cache derrière son apparence très modeste. C'est un authentique évangile que nous avons là sous les yeux. S'il avait été découvert il y a quelques siècles, il serait probablement dans un reliquaire d'or. J'ouvre la première enveloppe?

— Nous sommes prêts.

— Avez-vous un coupe- papier?

Sophie lui apporte un couteau de cuisine. Avec minutie, le dominicain descelle l'enveloppe et en tire une large photo glacée. Ses amis sont surpris, ils s'attendaient à voir une sorte de photocopie. Sébastien sent le besoin d'une explication.

— Photographier un manuscrit ancien est une opération complexe car, à chacune des étapes, il faut éviter d'endommager le document. On doit d'abord placer le manuscrit sous une plaque de verre sans reflet. De minces tiges de bois soutiennent le verre de façon à ce qu'il ne soit pas en contact avec la fragile surface de la peau. Ensuite, avec minutie, on le photographie à l'aide d'une pellicule très sensible, sans utiliser de lumière vive, car la chaleur et la luminosité dégagées pourraient causer des dommages irréparables. Un seul document à photographier peut demander des jours de préparation. Comme vous êtes à même de le constater, le résultat est impressionnant. Une grande photo glacée, en noir et blanc, très contrastée, qui, évidemment, en facilite l'analyse. Remarquez comme la texture du cuir est bien reproduite, une conséquence de la qualité du procédé photographique.

– Je ressens une émotion encore plus intense que celle que j'ai vécue en feuilletant des incunables, dit Sophie, ébahie. J'imagine cette femme, Marie-Madeleine en train d'écrire ces lignes dans sa grotte humide et froide. J'en ai des frissons!

Alexandre, qui la comprend :

– C'est normal, nous avons sous les yeux un manuscrit qui recèle un grand secret. Comme architecte, je me suis intéressé aux plans dessinés par Léonard de Vinci. Son génie avait aussi produit chez moi une forte impression. Aujourd'hui, grâce à tes explications, Sébastien, je suis en mesure de vivre en quelque sorte une rencontre. Je te l'avoue, j'ai l'impression que Marie-Madeleine est ici avec nous.

Sophie et Alexandre sont vraiment touchés. Le dominicain dépose le document sur la table basse en face du canapé. La lueur des bougies que vient d'allumer Sophie anime le mystérieux document, inerte et pourtant porteur de vie. Comme des enfants émerveillés par un tour de magie, ils s'assoient ensemble sur le tapis moelleux et contemplent, scrutent, exultent en silence.

Sébastien étire le bras pour sortir de la malle une seconde enveloppe de plus petit format sur laquelle est inscrit : « Traduction, document 1 ». Il la descelle, en retire quelques feuilles blanches dactylographiées. Les deux amoureux, appuyés l'un contre l'autre, gardent les yeux rivés sur la copie étalée devant eux. Sébastien peut commencer la lecture.

Lettre de Marie-Madeleine, la disciple bien-aimée

Moi Marie, fille de Jacob de Béthanie, sœur de Lazare et de Marthe, en communion avec Jésus mon divin Maître, que j'ai vu et touché, lui vivant par-delà la mort, je vous écris comme servante de la parole révélée. Ce que mes yeux ont vu, ce que mes oreilles ont entendu, j'ai voulu le mettre par écrit par amour pour mon Dieu et en fidélité avec le témoignage que je me dois de proclamer.

Dès que mes yeux ont croisé ceux de mon Seigneur et Maître, Jésus de Nazareth, son amour est venu abreuver mon cœur assoiffé et sa présence est devenue ma raison de vivre. Ses yeux noirs, brillants comme des reflets de mer en plein soleil de midi, ont ravi tout mon être. Je me voulais belle pour le séduire, je dansais pour lui afin que le chant de mon corps l'enivre d'amour. Je me croyais aimée de lui et je l'étais. Ce qu'il m'a appris de l'amour dépasse la beauté du corps périssable. Sa fervente prière me faisait l'effet d'une mélodie de harpe. Il m'a appris à m'aimer et à aimer mon prochain comme moi-même.

C'est lui, Jésus, qui m'a sorti de la laideur qui m'habitait. Je voulais séduire pour posséder, je voulais qu'on m'offre l'univers afin que je puisse m'élever au-dessus de la condition humaine. Je voulais marchander l'amour et lui, Jésus, m'a fait découvrir la gratuité du cœur. Je cherchais la compagnie des rois et je l'avais, et je croyais que ce pouvoir sur l'homme couronné faisait de moi plus qu'une courtisane, mais une reine. Lui, Jésus, m'a appris que l'amour des miséreux donnait la seule couronne qui soit impérissable. Je croyais embellir mon corps et, par sa beauté, camoufler ma peur de la mort. Jésus m'a appris que le corps peut vieillir, les cheveux blanchir, les membres s'atrophier, mais que la beauté intérieure toujours brillera comme l'or le plus fin. Si j'ai appris à aimer par-delà mes blessures, par-delà mes révoltes, par-delà mon orgueil, c'est à Jésus que je le dois.

J'ai voulu m'opposer à ceux qui détiennent le pouvoir religieux, dénoncer leur hypocrisie, démasquer leur mépris, mettre à nu leur laideur. Jésus, lui, m'a appris à ne plus être esclave de leur pouvoir, de leur mépris, de leur laideur mais à agir en femme libre. Il n'était pas facile de me débarrasser de mes préjugés, basés sur les apparences, la langue ou la race. Lui, Jésus, m'a appris qu'on ne voit pas la poutre qui obstrue son propre œil, alors qu'on voit facilement la paille dans celui des autres. Devenue libre, j'ai compris par lui, Jésus, que Dieu nous a créés libres pour aimer et être aimés. Que si nous avons des lois écrites dans la pierre, c'est que nous avons besoin de lois et de préceptes pour éclairer notre route et ne pas trébucher sur les obstacles de notre ignorance. Lui, Jésus, m'a fait lire la Loi sans qu'elle fasse de moi une personne soumise. En donnant sa vie, il a scellé par son sang innocent une Loi qui restera à jamais inscrite dans le cœur des êtres humains.

Ma beauté et ma richesse attiraient les hommes et je me plaisais à les posséder. Lui, Jésus, m'a appris que, si l'on fait l'amour pour posséder, c'est qu'il n'y a pas d'amour. Jésus a voulu que par ma compassion je brille autant que par ma beauté. Il a fallu qu'il me donne ses yeux pour regarder le monde, qu'il me donne ses mains pour caresser la vie, qu'il me donne son cœur pour aimer l'ennemi. Je suis devenue son ami par un désir d'amour et non plus par un désir de possession charnelle. Je suis devenue son épouse sans toucher son corps, préservant mon unicité et lui, la sienne. Notre communion fut telle qu'elle engendra l'éternité de la vie. Jésus était lui et moi, j'étais Marie. Sans se fondre en moi comme l'or et le cuivre pour ne former qu'un seul alliage, l'amour de Jésus m'a façonnée à l'exemple du Créateur qui a engendré la vie par amour. Jésus a été et sera à jamais mon unique amour. Par-delà sa mort, je l'ai vu vivant. J'ai touché son corps en pensant le garder pour moi. Lui, il m'a fait comprendre qu'on ne possède pas Dieu et que, si on veut le toucher, c'est de celui qui se sent mal-aimé, rejeté, abandonné ou méprisé qu'il faut s'approcher. Dieu est germe d'amour pour qui cherche l'amour.

Je me vois vieillissante et courbée sous le fardeau de la souffrance. Des récits de persécutions et de martyres me parviennent. De par l'innocence de mon bien-aimé, je crois à l'innocence de toutes ces victimes offertes pour l'amour de son nom. Jésus m'a livré son cœur, il a partagé son amour en me confiant la tâche d'écrire ses lettres pour lui, en son nom. Je transmets fidèlement l'affection qu'il manifestait à travers ses écrits. Bien que j'aie accompli ma mission en livrant à chacun le message qui lui était destiné, j'ai cru bon de retranscrire les pensées de mon Maître bien-aimé, craignant que l'original de ses lettres ne se perde dans le feu des persécutions et des destructions. Je les réécris pour la mémoire des disciples qui survivront au déchaînement de la haine. Je voudrais que ces lettres *témoignent par-delà ma mort de ce que j'ai vécu en présence du Seigneur, mon bien-aimé.*

Ces écrits respectent fidèlement ce qui surgit de ma mémoire dans la solitude de cette grotte. On pourrait croire mon sein stérile, je sais aujourd'hui qu'il enfante non pas ce qui vient de l'homme mais de Dieu. Ainsi en est-il de ma propre solitude. On pourrait croire que je vis seule et recluse et je le suis. Mais aussi je ne vis point seule, car une multitude de témoins m'affectionnent et ils m'accompagneront pour ce dernier voyage où le corps inutile est transfiguré d'amour. Comme mon Maître bien-aimé, je sais que je serai à jamais vivante et, lorsque je le regarderai, il ne détournera pas son visage, car ma fidélité m'a guidée jusqu'à mon dernier souffle. Cher bien-aimé, j'ai hâte de te retrouver, ne tarde pas. Je laisse derrière moi ce qui fut et je vais vers ce qui est.

Marie, ta disciple bien-aimée

Sophie essuie discrètement ses yeux embués. Médusé, Alexandre a le regard rivé sur le manuscrit. Chacun s'efforce de vivre l'événement vécu il y a deux mille ans. Le temps s'est effrité comme une poussière infinie, deux mille ans se sont déjà écoulés en deux minutes. Les trois amis ont touché un mystère d'amour. Il n'y a que le silence pour porter une telle intensité.

– Marie-Madeleine devait aimer Jésus avec passion… dit spontanément Sophie. Penses-tu qu'elle a vécu avec lui une relation amoureuse?

Sébastien hésite et sourit.

– Il n'existe aucune preuve de cela, précise-t-il. Dans la tradition chrétienne, il y a toujours eu une certaine pudeur à parler de la relation entre Jésus et Marie-Madeleine. S'il l'avait aimée comme femme, cela ne changerait rien à ce qu'il a été et à ce qu'il est. Comme homme, il pouvait vivre une vie amoureuse consentie et assumée dans l'authenticité de son incarnation. Les évangélistes ont choisi la discrétion sur ce sujet. Ce qui importe, c'est que Marie-Madeleine ait été une disciple privilégiée, qu'elle ait acquis la notoriété d'apôtre.

Cette intervention sort Alexandre de sa méditation.

– Parle-nous de Marie-Madeleine, demande-t-il.

– Dans les Évangiles de Luc, de Marc et de Jean, il est fait mention d'une femme nommée Marie de Magdala ou Marie la Magdaléenne. Le nom de Marie était très répandu chez le peuple hébreux et, pour bien identifier la personne, on pouvait lui ajouter le nom de son village d'origine ou celui de son père. Magdala, le village natal de Marie, était un important port de pêche situé sur la rive occidentale du lac de

Tibériade, à environ cinq kilomètres de la ville de Tibériade. Les évangélistes identifieront Marie de Magdala comme l'une des femmes qui se tenaient au pied de la croix au moment de la mort de Jésus. Dans son Évangile, Luc nous la fait voir se rendant avec d'autres femmes au tombeau de Jésus et portant des aromates. C'est à ces femmes qu'on annonce la résurrection de Jésus. Luc raconte qu'elles vinrent tout raconter aux onze apôtres, qui les crurent victimes d'un délire.

– Les apôtres ne sont pas mieux que les autres hommes! s'exclame Sophie. Ils ont pris ces femmes pour des insignifiantes. Marie-Madeleine a dû se sentir humiliée par le comportement de ces machos.

Sébastien, qui ne se formalise pas du ton de Sophie :

– Tu seras surprise lorsque tu apprendras le rôle qu'elle a réellement joué.

Devant Sébastien, Sophie se plaît à critiquer la position de l'Église envers les femmes. Celui-ci ne s'en formalise pas, appréciant au contraire son esprit frondeur.

– Non seulement l'Évangile de Jean la présente en la nommant Marie de Magdala mais, dans le récit de la réanimation de Lazare, il précise qu'elle est la sœur de Lazare et de Marthe, celle qui s'affaire toujours à la cuisine… ajoute

Sébastien d'un ton taquin à l'endroit de la jeune féministe.

Par le passé, cet épisode évangélique avait fait l'objet de discussions amicales entre Sébastien et Sophie. Celle-ci avait une tante appelée Marthe qui avait été la ménagère d'un curé en Beauce. Dans sa famille, Marthe avait toujours été considérée comme la fidèle épouse du curé. Sophie n'était pas contre le fait que sa tante soit l'épouse du curé, elle se désolait plutôt que celui-ci ait choisi une ménagère, une femme d'intérieur. Pourquoi un curé n'aurait-il pas le droit d'épouser une femme professionnelle?

Sébastien retourne sur la route biblique.

– L'Évangile de Jean est le seul à nous informer des liens privilégiés que Jésus entretenait avec la famille de Marie de Magdala. Il nous décrit le banquet qui avait été organisé à Béthanie en l'honneur de Lazare, six jours avant la pâque. C'est au cours de ce dîner que Marie avait oint les pieds de Jésus d'un parfum très rare et très cher pour ensuite les essuyer avec ses cheveux. Marie faisait donc partie d'une famille riche et aristocratique de Béthanie, une ville située sur le versant est du mont des Oliviers, à trois kilomètres de Jérusalem. Elle porte aujourd'hui le nom de « El-Azarieh ».

– Ta mémoire m'épatera toujours, lui dit Alexandre.

Le temps presse et Sébastien continue son voyage historique à la rencontre de Marie-Madeleine.

– On peut se questionner sur le fait que les évangélistes Luc, Marc et Matthieu aient fait silence sur cette famille très proche de Jésus. Certains exégètes croient aujourd'hui que les rédacteurs des Évangiles ont voulu éviter à cette famille très en vue d'être persécutée. Les récits des trois évangélistes ont été écrits quelques décennies avant celui de Jean. Ce dernier, sachant que la famille de Lazare avait déjà quitté Béthanie, a pu clarifier les faits en mentionnant le nom de cette famille aristocratique. Tous les Juifs savaient que cette illustre famille avait vécu dans l'entourage de Jésus. Nous sommes en mesure de supposer que Marie de Magdala, issue d'une famille aisée et influente, avait ses entrées à la cour du roi Hérode. Probablement qu'elle agissait à titre de courtisane. C'était un honneur pour les grandes familles d'avoir une telle influence à la cour royale. L'amitié, dont témoignent les Évangiles, entre Marie de Magdala et Jeanne, l'épouse de Chuza intendant d'Hérode, semble vouloir confirmer cette hypothèse. Ces deux femmes deviendront de fidèles disciples de Jésus. Mais c'est Marie-Madeleine qui jouera le rôle le plus important.

– Je suis peut-être une femme romantique, mais j'aimerais savoir comment Jésus et Marie-Madeleine se sont rencontrés.

– Aucun document scripturaire n'en fait mention. Marie-Madeleine était instruite et cultivée, et fréquentait les grands du peuple juif. Répandre un parfum cher sur les pieds d'un homme était un geste choquant pour l'époque. Marie était une femme audacieuse. Elle devait se reconnaître dans le discours de Jésus. Fréquentant la cour d'Hérode, elle connaissait les bavardages que l'on répandait sur son compte. On suppose que Jésus avait un charisme exceptionnel, qu'il était attirant, mystérieux et provocateur. Posséder le cœur de cet homme représentait un défi intéressant pour elle. On peut en déduire, par cette lettre qu'elle a laissée, qu'elle avait éprouvé pour Jésus beaucoup plus qu'une attirance physique, qu'elle avait découvert en lui une dimension humaine, spirituelle et divine qui l'avait radicalement transformée.

– Si j'avais été à sa place, rétorque Sophie, j'aurais enlevé Jésus et nous serions partis en voyage de noces en Égypte. Nous aurions fondé une famille, pas une Église!

– Et vous auriez eu beaucoup d'enfants, lance ironiquement Alexandre.

Depuis quelque temps, Alexandre désire un enfant et se fait parfois insistant.

– Pourquoi pas une douzaine comme l'exigeaient les curés il n'y a pas si longtemps? réplique Sophie en se levant.

Il fallait qu'elle bouge, qu'elle mette de l'ordre dans ses idées. Les deux hommes l'observent, peu surpris de la vivacité de ses reparties. Alexandre se risque sans quitter son amie des yeux.

– Il y a une telle pureté amoureuse dans cette relation, une telle transparence. Marie-Madeleine a dû souffrir de l'absence de Jésus, mais sa foi dans la vie après la vie donne à son existence un éclairage mystique. J'ai l'impression qu'en vieillissant nous devrions parvenir à cette qualité de relation amoureuse. Ce qui m'étonne aussi, c'est la fraîcheur de son discours qui pourtant date de deux mille ans. La religion serait bien différente si on nous présentait des textes aussi rayonnants et simples, sans visée moralisatrice.

– Qu'il est merveilleux, mon amoureux! s'exclame-t-elle. Si les autres manuscrits sont dans le même style ça promet. Est-ce que Jésus a écrit sur les femmes en général?

Sébastien ne peut dissimuler son excitation et Sophie ne rate pas l'occasion de commenter :

– J'ai l'impression que je peux espérer entendre autre chose qu'un discours prônant la soumission de la femme à son mari. Si Jésus est Dieu comme l'Église le prétend, j'ose croire qu'il a une attitude moins méprisante envers les femmes que celle des ecclésiastiques. Je comprends le contexte culturel de l'époque et je sais qu'on ne peut refaire l'histoire, mais il me semble que Dieu doit avoir un regard qui transcende les moments historiques. Il doit permettre aux hommes et aux femmes d'ouvrir leur esprit et surtout les éclairer sur la condition humaine, et cela, peu importe l'époque. Es-tu d'accord avec moi, Sébastien?

– On en a parlé souvent. Je crois que Jésus est devenu Christ par sa mort et sa résurrection grâce à une intervention de Dieu en sa faveur. Dieu a, en quelque sorte, donné son assentiment à tous les gestes et à toutes les paroles qui ont marqué la courte vie de Son Fils. Ce sont exclusivement des hommes qui ont écrit ces témoignages. La culture, c'est aussi de manière d'écrire et de relater des faits. Il est clair que le seul modèle religieux auquel pouvaient se référer les disciples de Palestine était le judaïsme. Aussi les disciples reproduisirent-ils les mêmes schèmes culturels. C'est pourquoi la place des femmes était passablement réduite dans le projet naissant d'une religion. La femme devait procréer en vue de donner un héritier mâle à la descendance de l'homme. Si elle ne pouvait donner un fils, on croyait qu'elle en était la cause, et le mari la répudiait. On peut comprendre l'impossibilité pour les scribes juifs et chrétiens d'écrire indépendamment de la culture de leur époque. Ce qui me fascine, depuis que je fais l'analyse de ces manuscrits, c'est que la distance physique et psychologique ait permis à Marie-Madeleine de poser un regard différent, culturellement parlant, sur Jésus et son époque. En raison de sa situation privilégiée auprès de Jésus, son approche féminine apporte un éclairage nouveau qui, loin de trahir les textes évangéliques masculins retenus par l'Église, ajoute à leur enseignement et donne une portée plus grande au message des apôtres. Jésus a donné aux femmes de son temps une place que ses disciples avaient de la difficulté à accepter. On retrouve des traces de cette attitude dans certains textes apocryphes où les apôtres sont décrits comme des êtres qui ne sont pas à l'écoute des femmes. Ils sont imprégnés de leur culture juive, de la perception typiquement masculine de leur époque.

— Et cette lettre que Jésus a écrite aux femmes, j'ai hâte d'en prendre connaissance, lance Sophie.

— Nous y voilà. En fait, Jésus a écrit une « lettre aux femmes » mais elle est adressée à Jeanne, une amie de Marie-Madeleine. Jeanne avait épousé Chuza, l'intendant d'Hérode. Marie, vous vous souvenez, fréquentait la cour du roi Hérode et c'est là qu'elle a rencontré Jeanne. Celle-ci s'est par la suite convertie à l'enseignement de Jésus.

– Jésus aurait donc écrit une lettre à un groupe composé exclusivement de femmes.

– C'est bien cela, Sophie. Nous croyons que Jeanne a joué le rôle de rassembleuse auprès des disciples. Ce qui lui confère le titre de responsable ou, si tu préfères, de pasteur.

– Si on extrapole un peu plus, renchérit Sophie, cette Jeanne serait une sorte d'évêque. Est-ce que j'exagère?

Sébastien, tout en replaçant la traduction de la première lettre de Marie-Madeleine dans son enveloppe, lui lance un sourire complice, sachant que cet anachronisme porte en soi une certaine vérité. Avec minutie, il choisit une enveloppe marquée «Lettre à Jeanne et aux femmes». Assis par terre sur le tapis, le couple se prépare à écouter. Sébastien tend les feuilles à Sophie.

– Puisque cette lettre s'adresse aux femmes, fais-nous-en la lecture.

Hésitante, elle baisse humblement les yeux en touchant le papier et s'apprête à en livrer le message.

Lettre à Jeanne et aux femmes

À toi Jeanne, femme d'Israël et épouse de Chuza, choisie par Dieu pour rassembler celles qu'Il inspire et vivifie par sa grâce, j'adresse cette lettre. C'est par la main de Marie, ma disciple bien-aimée, que mes paroles s'inscrivent comme dans un livre sacré. Tu pourras transmettre mon message ainsi que mes vœux affectueux à toutes les femmes heureuses de t'accompagner sur le chemin de la vérité et de la liberté.

La route de la conversion est longue et difficile comme l'a été la marche d'Israël vers sa libération. Eh bien, moi je vous le dis : si vous demeurez fidèles à ma parole, vous témoignerez de la vérité et la vérité vous libérera. En raison de votre condition de femmes, vous vous devez, par votre intelligence et votre générosité, d'enfanter un monde nouveau. Non plus un monde bâti sous le joug de l'homme, mais sur l'égalité des êtres et le respect de leurs différences. Dans ce monde où vous êtes à la fois porteuses et créatrices de la vie avec Dieu, vos désirs et vos aspirations ne doivent pas être éteints par la crainte. Chères disciples, je sais les souffrances que votre condition sociale vous oblige à supporter. Je sais que c'est par vous, les femmes, que la tradition se transmet comme le sang et le lait maternel. Votre présence est indispensable aux changements que je désire apporter à notre monde.

Il m'est arrivé d'intervenir respectueusement mais fermement auprès de mes disciples bien-aimés. Ces hommes ne comprennent pas toujours pourquoi je vous accorde une si grande place dans la mission apostolique. Je considère chacune d'entre vous comme égale à chacun de mes disciples masculins. Chacune de vous, que j'ai appelée par son nom, est capable d'accomplir des miracles, de bénir les gens, de sauver des vies, de partager le pain et la coupe et d'envoyer en mission ceux et celles que vous jugez dignes.

Certaines parmi vous ont eu plusieurs maris et je vous invite à choisir celui à qui vous désirez jurer fidélité et amour même si vos enfants ont un autre père. Le père de chaque enfant devra toujours avoir sa place auprès de lui, mais votre amour ne doit être donné qu'à un seul. Même si la Loi permet la répudiation, j'espère que les juges sauront exercer la justice avec les yeux de l'amour fraternel et qu'ils ne permettront aucune répudiation sans avoir entendu votre défense. Par contre, avant d'arriver devant le juge, hâtez-vous de vous réconcilier. Un frère ou une sœur en qui vous avez confiance pourrait vous aider à préparer votre défense. Devant Dieu, nous sommes tous égaux. Si après d'ultimes tentatives, y compris la consultation des anciens et des anciennes ainsi que la prière commune, la séparation d'un couple s'avère nécessaire, je vous demande fraternellement de ne pas vous substituer aux juges et de permettre que l'un et l'autre puissent retrouver paix, compréhension et accueil.

Laissez aux tribunaux le soin de trancher le litige et, entre vous, n'excluez personne en raison d'une telle souffrance. Soyez compatissantes et aimantes. Souvenez-vous que vous êtes la lumière du monde. Et l'on n'allume pas la flamme pour la mettre sous le boisseau, mais bien sur le flambeau, où elle brille pour tous ceux qui sont dans la nuit. Ainsi chacune parmi vous est un flambeau et vous devez veiller les unes sur les autres pour empêcher que sa flamme ne s'éteigne. Ne laissez aucune d'entre vous devenir comme du sel sans saveur que l'on doit jeter dehors et que les gens piétinent. Vous avez un rôle inestimable qui est de conserver l'amour bien vivant parmi vous et autour de vous.

Certaines d'entre vous ont reçu la mission de témoigner de leur foi en Dieu. S'il arrivait que certains hommes veuillent vous empêcher de prendre publiquement la parole, sachez que vous êtes animées du même esprit que celui des hommes. Il y a des prophétesses parmi vous. Souvenez-vous d'Anne, fille de Phanouel qui prophétisait dans le Temple. Il a été dit que les hommes pouvaient accéder à la lecture des textes de la Loi et connaître les mystères de l'Écriture. Eh bien, moi je vous dis : si certaines parmi vous veulent dérouler les rouleaux de la Thora, qu'elles le fassent dans le respect de la tradition. Ainsi, elles rendront gloire à notre Père qui est dans les cieux. Si vous êtes choisies par vos semblables pour révéler les mystères divins, faites-le avec dignité et sans rougir, sachant que Dieu parle à travers vous.

Aux femmes qui partagent leur vie avec un disciple je dis : tâchez de le seconder avec toute votre affection. Utilisez votre précieuse expérience de femme, d'épouse et de mère pour l'aider et le conseiller. L'épouse ne doit pas vivre dans l'ombre de son mari mais dans la complémentarité des rôles partagés équitablement. La maternité divine s'exprime admirablement bien à travers la vocation de femme et je vous invite à prendre la parole sur les questions qui vous concernent.

En devenant mes disciples, certaines ont préféré se revêtir de la tenue des hommes, voulant ainsi se dépouiller de leurs attributs féminins. Pourtant, il importe que vous assumiez pleinement votre féminité en portant les parures et les bijoux qui s'harmonisent à votre beauté. Il n'y rien de mal à préserver ce qui vous distingue et, pour vivre en disciples, nul n'est besoin de renoncer au charme et au désir de plaire. Votre corps n'est-il pas une création de Dieu? Il vous appartient. Sachez le mettre en valeur, dans le respect et la dignité de votre personne.

Vous êtes le levain dans la pâte, le sel de la terre. S'il arrive que des charges et des responsabilités ne peuvent vous être confiées du seul fait que vous êtes femmes, dénoncez cette injustice. En vérité, je vous le dis : Dieu notre Père, Créateur de toute vie, vous a créées égales à tous. Votre condition de femme ne pourra jamais vous empêcher d'exercer les responsabilités qui vous incombent. C'est votre rôle de disciples de le proclamer. Si certaines d'entre vous méritent le titre d'anciennes, veillez à ce qu'elles l'obtiennent. Le chef d'un groupe de disciples peut recevoir le don de sagesse, qu'il soit homme ou femme.

Si vous êtes mes disciples, vous êtes mes amies, et il n'y a pas de plus grand amour que de donner sa vie pour ses amis. Je ne serai pas toujours avec vous, mon heure approche et, lorsqu'elle arrivera, je vous enverrai le Paraclet, l'Esprit d'amour qui vous guidera et vous fera connaître des vérités encore plus grandes. C'est pourquoi j'ai confié à Marie de mettre par écrit mon enseignement et de vous faire parvenir cette lettre. Que la paix soit toujours avec vous et entre vous.

Jésus le Nazaréen

— Sébastien, dis-moi que je ne rêve pas. Crois-tu vraiment que Jésus a pensé ainsi?

— Tu ne rêves pas, Sophie. Jésus n'a pas été condamné et mis à mort sans raison. C'est parce qu'il dérangeait la société de son temps. Il ne voulait pas seulement être différent des autres, il voulait profondément que chaque personne se révèle telle qu'elle est. Ce souci de respect et de vérité a marqué tout son enseignement.

Appuyée sur le rebord du fauteuil, Sophie lisse sa longue chevelure. Des questions, des images se bousculent dans sa tête.

– Est-ce que tout ce qui est écrit dans cette lettre se retrouve dans la bible? Marie-Madeleine aurait-elle pu inventer cette lettre pour se venger des hommes qui l'ont fait souffrir à son époque?

– Dans le Nouveau Testament, il y a des passages qui reflètent le même esprit. L'idée de libération est très présente dans l'Évangile de Jean, en particulier au chapitre huit, où Jésus s'entretient avec une samaritaine au bord d'un puits. Il lui dit qu'elle a eu cinq maris et que l'homme avec qui elle vit n'est pas son mari. Il comprend l'impasse sociale dans laquelle se trouve cette femme et il lui apprend la libération. La référence amoureuse est présente dans les écrits de Jean, où Jésus affirme : «Tous reconnaîtront que vous êtes mes disciples à l'amour que vous avez les uns pour les autres.» Jésus privilégie l'amour aux jugements. Matthieu, dans son Évangile, met dans la bouche de Jésus cette nécessité de se réconcilier, de pardonner pour continuer le rêve de fraternité et d'amour. Jésus ne se présente pas comme un juge mais comme un libérateur. C'est un grand amoureux de la vie et de la condition humaine.

– Les femmes prophètes ont-elles vraiment existé dans la religion juive? demande Alexandre.

– Et comment! répond Sophie.

Sébastien s'étonne de son intervention. Elle enchaîne aussitôt.

– Quand j'ai suivi un cours en études médiévales, nous devions faire nos recherches à la bibliothèque des études médiévales qui appartenait, à ce moment-là, aux dominicains. Je me suis permis de petites escapades dans la section théologique où j'ai pu me renseigner, entre autres, sur le rôle des prophétesses dans l'Ancien Testament. Je voulais faire un lien avec celui que certaines religieuses ont joué dans leur communauté au Moyen Âge. J'ai été surprise du nombre de femmes reconnues pour avoir révélé des messages divins et même avoir interpellé les hommes de leur époque. Je me souviens d'une certaine Miryam qui avait critiqué Moïse. Sébastien, est-ce que je suis dans l'erreur?

– Pas du tout, mais tu ne m'as jamais parlé de tes recherches bibliques.

– Les femmes ont leurs petits secrets! dit Sophie en riant.

– Tu as raison en ce qui concerne le rôle des prophétesses dans la grande tradition du peuple hébreu. Cela a inspiré le catholicisme. Concernant cette Miryam, savais-tu que son nom signifie «Marie»? Elle était la sœur d'Aaron. Dans le livre des Nombres, on la retrouve critiquant Moïse. Même au temps de Jésus, il y avait des prophétesses. Je pense à Anne, mentionnée par Luc dans son Évangile.

– L'un des passages qui me plaît le plus est celui où Jésus déclare que les femmes ne doivent pas être soumises à leur mari. Cela ne va-t-il pas à l'encontre de la doctrine de l'Église?

– Il faut croire que l'Église évolue, répond Sébastien. Certains prêtres et croyants peuvent s'accrocher à l'Épître de saint Paul aux Éphésiens, où il est question de la soumission de la femme à son époux. Aujourd'hui, ce genre de discours est un anachronisme. Paul a écrit selon la tradition et les coutumes de son époque. Actuellement, dans le discours de l'Église, il serait impensable de considérer les femmes comme inférieures et soumises à l'homme. Au XIIIe siècle, saint Thomas pouvait se demander si les femmes avaient une âme. Aujourd'hui, il faut lire l'Évangile avec l'esprit du Christ. Son ouverture d'esprit ne fait aucun doute et sa lettre à Jeanne le confirme.

– Pour en revenir à la question de Sophie sur le rôle des anciennes, est-il vrai que leur fonction se compare à celle de l'évêque dans un diocèse? demande Alexandre.

– Au temps de Jésus, les anciens faisaient partie du sanhédrin. C'était le grand conseil de la religion juive qui était présidé par le grand prêtre. Dans la tradition juive, les anciens jouaient effectivement le rôle de sages. Puis, avec le sanhédrin, cette fonction s'est institutionnalisée. Dans le regroupement des disciples, on a voulu utiliser le mot « ancien » pour désigner la fonction de chef. Dans cet esprit, Jésus a voulu que le rôle de chef soit exercé autant par des hommes que par des femmes. Il utilise la Loi mais il la conduit à son achèvement en mettant en évidence l'égalité entre les hommes et les femmes. C'est audacieux de sa part mais conforme à l'attitude provocatrice que lui prêtent les écrits évangéliques.

— Vous comprenez maintenant la portée d'une telle découverte! Cette lettre ouvre la voie au mariage des prêtres, puisque les disciples et les apôtres étaient mariés. Elle permet aux femmes d'atteindre un niveau de responsabilité sans précédent. On peut imaginer le changement de mentalité que cela suppose non seulement de la part du magistère de l'Église, c'est-à-dire le pape, les cardinaux et les évêques, mais aussi des prêtres et des fidèles. Autant cette lettre est une bouffée d'air frais dans l'institution ecclésiale, autant elle déstabilise ceux qui détiennent le pouvoir dans l'Église et qui refusent de le partager. L'impact de ce manuscrit est si grand qu'il menace l'ordre établi. Ce rêve de Jésus est-il réalisable? Cette question me hante.

Sophie était de plus en plus intriguée par le contenu des deux lettres dont elle venait de prendre connaissance.

— J'aimerais comprendre ce qui est arrivé à la religion chrétienne pour qu'elle s'éloigne ainsi de ses origines. Une religion ne devrait pas être aliénante. Ça me révolte quand j'entends le discours officiel que l'on tient sur les femmes ou sur le contrôle des naissances; cette vision essentiellement masculine brime notre droit de vivre notre foi au féminin. Je suis d'accord avec Jésus lorsqu'il dit que les femmes doivent prendre les décisions sur les sujets où elles sont les premières concernées. Même dans les communautés de religieuses, ce sont bien souvent des hommes qui dictent les règles.

— Ce serait extraordinaire si Jésus avait pu écrire au pape! renchérit Alexandre.

— Au moment de l'Église naissante, il n'y avait personne qui exerçait la fonction de pape au sens strict du terme. Il y avait parmi les apôtres un chef nommé Simon, que Jésus renomma du prénom de Pierre. Parmi les lettres manuscrites que nous avons découvertes à la Sainte-Baume, il y en a une qui lui est adressée.

— Tiens, tiens, tiens, dit Sophie. Jésus a pensé à tout. Que dit cette lettre?

– Grâce au récit biographique et historique de Marie la Magdaléenne, qui est contenu dans un manuscrit que je n'ai plus en ma possession, nous découvrons une facette méconnue de la personnalité de Simon. De mémoire, je vous résume la teneur de ce document. Vous serez les premières personnes, après le père Fromentin et moi, à avoir des informations inédites sur celui dont ont dit qu'il fut le premier pape. Il est intéressant de connaître le lien qui existait entre Marie-Madeleine et Pierre. Il semblait exister entre eux une certaine rivalité, non explicite dans le manuscrit de Marie de Magdala. Simon est d'origine modeste, d'une famille de pêcheurs. Il n'est pas très instruit et il possède apparemment des qualités naturelles de chef. Il connaît depuis longtemps Jésus. On peut supposer qu'il entretenait également des liens étroits avec le père de Jésus, un charpentier. L'une des spécialités du métier de Joseph est de construire des charpentes de bateau. Joseph a fait des affaires avec la famille de Simon et, plus particulièrement, avec son père Jonas.

« La famille aisée de Marie-Madeleine n'avait comme seul lien avec les pêcheurs que l'achat de poissons pour les repas quotidiens. En raison du rang social de Marie-Madeleine, c'est une servante de la famille qui se chargeait d'effectuer ces achats. De plus, Marie-

Madeleine fréquente la cour du roi Hérode. Ce n'est pas une situation pour favoriser un rapprochement avec Simon. Belle, riche, séduisante et vêtue d'étoffes fines, Marie était une femme inaccessible pour un pêcheur comme Simon. La distance sociale qui les séparait était aussi grande que celle qui existait entre leurs idées politiques. Ils ne fréquentaient pas le même monde.

« Lorsque Marie de Magdala est entrée dans le vie de Jésus, on peut imaginer le courroux qu'elle a déclenché. On la craignait autant pour ses allures de courtisane délurée qui risque de mettre en péril la vie familiale d'un homme rangé comme Simon, que pour ses idées trop libérales qui trouvaient un écho plus que favorable chez Jésus. Bref, il était périlleux de la fréquenter. Il a donc fallu un certain temps pour croire à sa conversion. De plus, si elle avait versé un parfum fort coûteux sur les pieds de Jésus, n'était-ce pas là l'attitude d'une fille qui peut se payer tout ce qu'elle désire? On craignait aussi l'influence qu'elle exerçait sur Jésus et sa façon d'introduire auprès de lui des femmes délurées qui ne s'en laissaient pas imposer par les disciples mâles. Il y avait donc un climat de méfiance et de suspicion dans le sillage de Marie-Madeleine. Nous supposons qu'elle devait avoir lu l'original de la lettre de

Jésus à Simon-Pierre, car le pêcheur ne savait ni lire ni écrire. Encore là, Simon-Pierre pouvait avoir éprouvé une certaine humiliation. Maintenant que les circonstances qui l'entourent sont connues, je vais vous lire cette lettre. »

– Nous serons plus confortables si nous nous assoyons autour de la table de la salle à manger, propose Alexandre tout en s'étirant.

On accepte sa suggestion.

Sébastien tient déjà entre ses mains la traduction du manuscrit. Il a placé la copie du manuscrit du côté libre de la table. On se plaît à imaginer que la chaise libre est maintenant occupée par Marie-Madeleine. Sébastien commence la lecture sans autre préambule.

Lettre à Simon-Pierre

À toi Simon, fils de Jonas, je m'adresse par l'entremise de ma fidèle disciple Marie, en qui j'ai mis toute ma confiance. En te choisissant comme chef, je savais que je pouvais compter sur toi. Depuis la mort de mon père, je craignais la noyade et ne voulais plus monter dans une barque. Des années plus tard, c'est toi qui m'as appris à ne plus avoir peur de la mer et de ses tempêtes. Tu m'as fait redécouvrir le plaisir de la pêche, la quiétude du repos dans une barque, la joie de jeter au large ses filets. Tu m'a fais découvrir le bonheur d'allumer le feu sur le rivage et de faire griller le poisson pour partager le repas du soir. Je savais que tes talents pour mener la barque et jeter les filets serviraient à diriger mes disciples. La vie ne ressemble-t-elle pas à un voyage en barque? Tenir la barre qui mène ta vie et sentir qu'il faut partir, lorsque le vent gonfle les voiles. C'est à cet ami que je m'adresse aujourd'hui.

Je t'ai vu épauler Jean lorsqu'il a été obligé de quitter précipitamment la maison familiale après le décès subit de sa mère. Tu l'as accueilli comme un père. Tu sais camoufler tes sentiments et je l'ai bien compris lors du décès de ton père. Je sais à quel point les situations où tu dois affronter la mort te sont pénibles. Elles provoquent en toi une angoisse désta-bilisatrice. Tu sembles perdre tous tes moyens. Tu pourrais renier des personnes que tu aimes sincè-rement, uniquement à cause de cette angoisse. Un jour, quelqu'un ceindra ta tunique et te conduira là où tu ne veux pas aller. Il faudra bien assumer ta faiblesse. Apprends de Marie, ma disciple bien-aimée, qu'il vaut mieux pleurer ouvertement devant ses faiblesses et sa souffrance. Il y a une grande force dans notre fragilité. Il y a en toi tant de tendresse. C'est là que ta force réside, bien plus que dans ton esprit combatif. Tu portes dans ta main droite un glaive invisible pour te défendre. Agis avec la sagesse du messager qui porte avec délicatesse le lys de la paix.

Après une éreintante journée de pêche, nous mangions sur la grève, et toi tu nous faisais rire aux éclats, ta joie vive atténuait notre fatigue. Puise ta force dans ce que tu es, Simon, et ne laisse jamais la mission que je te confie étouffer ta grandeur d'âme.

Il se pourrait qu'au fil du temps un autre disciple démontre des qualités de chef. Je t'invite à l'initier à cette tâche pour qu'un jour il te succède adéquatement. Il faut savoir se retirer sans s'accrocher à la fonction. Évite d'imiter ceux à qui tu reproches d'exercer le pouvoir comme s'ils étaient les seuls à connaître les volontés de Dieu.

En ce qui concerne le choix de tes disciples, je t'invite, Simon, à suivre ma trace et à t'entourer de personnes fidèles et pieuses, que tu trouveras tant chez les hommes que les femmes. Je sais combien tu veilles sur ton épouse et tes deux filles. En Juif fidèle à la tradition, tu exerces sur elles ton pouvoir de mari et de père tel que le demande la Loi. Eh bien, moi je te dis que les femmes sont nées de la même vie divine qui t'habite. Elles peuvent exercer avec la même autorité les responsabilités qu'on leur confie. J'ose espérer qu'un jour des femmes disciples exerceront la tâche que toi-même tu assumes, animées du même esprit qui t'habite. Sans trahir la tradition. il faut s'ouvrir aux changements. On ne met pas de vin nouveau dans de vieilles outres, sinon elles éclatent et le vin se répand. Mon enseignement est comme le savoir-faire du vigneron : il donne un vin nouveau et un arôme différent, mais il doit veiller à ne point le perdre.

Dans l'administration des biens de la communauté des disciples, tu démontres beaucoup d'habileté et de sagesse, et je t'en félicite. Le but de la bourse commune est de permettre une égalité entre tous. Il faut éviter que toi et tes successeurs songiez à réaliser des projets qui iraient à l'encontre de l'esprit de dépouillement et du souci fraternel que l'on doit avoir envers les plus démunis. N'accumule aucun argent et fais confiance à Dieu notre Père, qui veille sur chacun de nous. Dans ce même esprit, sois vigilant face aux intrigants qui gravitent autour de ceux qui exercent le pouvoir. Tes erreurs leur permettront de gravir les marches de leur médiocre réussite. De tes faiblesses ils tireront leur force et leur pouvoir. Tu es un homme, Simon, et non Dieu. Tu as droit à l'erreur, mais cette erreur ne doit pas aider les intrigants dans leur quête de gloire. Ne sois pas comme les pharisiens qui, à force de se sentir si près de Dieu, croient qu'ils savent ses volontés mieux que quiconque. Dieu peut tout aussi bien livrer sa volonté à ceux qui ne font pas partie de ton entourage. Aucune fonction ne donne un droit sur Dieu et sur l'humanité.

Je t'ai vu agir devant des foules exubérantes qui cherchent un sauveur. Je te félicite de ton humilité. Veille et prie pour rester toujours ainsi; l'acclamation d'une foule peut te griser, car celle-ci voit en toi celui qui détient les clés du pouvoir. Devant l'agitation des foules venues entendre la parole de Dieu, ne demande pas la protection militaire comme le font les princes,

*les rois et les empereurs. Que peux-tu craindre de plus
que la mort? Ne mets aucune entrave entre ceux à
qui tu t'adresses et ta propre personne. Lors de grands
rassemblements, porte toujours fièrement tes habits
quotidiens et sache qu'il faut s'occuper autant de
nourrir le corps que l'esprit. Si la foule réclame ta
présence, place devant toi un enfant pour qu'il te trace
la route de l'innocence. Ainsi, c'est l'enfant que la foule
acclamera. Les puissants du monde veulent être adulés
mais toi, Simon, c'est Dieu seul que tu adores et
vénères. C'est pourquoi les grands rassemblements ont
un effet néfaste sur la personne qui désire s'effacer
et voir grandir le plus faible d'entre nous. Il faut
laisser l'adulation aux pouvoirs civils. Ce qui s'im-
pose à toi, c'est de vivifier l'espérance des fidèles par
tes prières, c'est aussi ton amour et l'accueil inconditionnel que tu réserves à quiconque veut se convertir
à la bonne nouvelle. Sois un homme d'écoute et de
paix.*

*Au moment du repas fraternel, confie à de jeunes
disciples et à des femmes, dont tu connais la foi et la
qualité du témoignage, le soin de présider le repas,
de rompre le pain et de partager la coupe. L'humilité
de ton geste sera appréciée de tous. Si les femmes sont
habiles à pétrir le pain et à écraser le raisin de la
vigne, elles le sont tout autant à présider le repas. Le
repas fraternel doit se vivre dans un espace qui respecte
les dimensions de la vie commune. Aussi, il faut
prendre garde de ne pas tomber dans le piège que*

donne la gloire comme l'ont fait les rois d'Israël et les prêtres du Temple. Ne construis jamais un temple pour Dieu, car il ferait ombrage à l'homme. Dieu nous a faits fils et filles pour nous aimer et non pour nous enrichir. Le vrai temple, c'est l'être humain avec ses limites et ses grandeurs, ses faiblesses et ses forces. Le seul lieu où Dieu aime habiter, c'est en chacun de nous. Ne fais aucune loi sinon celle qui s'écrit dans le cœur et que l'on nomme amour, tendresse et affection. N'imite en rien les pharisiens qui veulent rester purs pour le service de Dieu et se faire remarquer sur la place publique. Mêle-toi aux gens de toutes sortes, sois accueillant tant pour les Juifs que pour les non-Juifs. Ce que j'ai enseigné ne concerne pas seulement le peuple d'Israël mais quiconque veut entendre la nouveauté de la parole révélée.

Simon, tu as aussi une responsabilité en ce qui concerne l'avenir de la mission que je t'ai confiée. Tu en es le gardien avec toutes les femmes et tous les hommes qui professent la même foi que toi. Tu n'en es d'aucune manière le propriétaire. Malgré les persécutions présentes, un jour viendront, du moins je l'espère, des moments de paix où la Bonne Nouvelle pourra se vivre en pleine liberté. Dès maintenant, il faut agir en homme libéré par les enseignements reçus et non pas être prisonnier de l'emprise du passé. Que le regard que tu portes sur autrui soit toujours celui de l'amour, jamais celui de la condamnation ou de la punition. Enseigne-le à tes successeurs.

Ta famille t'apporte beaucoup de réconfort. J'aime me retrouver en ta compagnie avec les gens de ta maison. Tes séjours à la maison familiale te procurent un grand bienfait et cela agit sur ton humeur et la clairvoyance de tes décisions. Il est heureux que tes responsabilités ne t'obligent pas à renoncer à cette modeste et charmante demeure. La simplicité de ta vie est un exemple pour tous. Malgré les longues routes qui t'éloignent des tiens, sache trouver du temps pour chérir ton épouse bien-aimée et tes enfants. Ainsi la solitude et l'amertume n'auront jamais de place en ton cœur.

Enfin, fidèle disciple et ami, tu sais que les événements politiques se resserrent autour de moi. J'ai dérangé les détenteurs du pouvoir religieux et politique au point où la seule solution qu'ils envisagent est ma mise à mort. Tu constates à quel point le pouvoir qui se proclame de droit divin est dangereux. Peu importe ce qui adviendra, ne fais jamais alliance avec le pouvoir politique. Tout en te comportant en citoyen responsable, donne à César ce qui est à César et à Dieu ce qui est à Dieu. Pour le reste, conserve la liberté que Dieu t'a donnée à la naissance. Ainsi tu n'auras jamais à rougir d'avoir trempé ta main dans le bol d'or du pouvoir séculier, pour partager avec lui une nourriture périssable.

Voilà mon testament. Toi que je considère comme mon frère et mon ami, lorsque nos chemins se sépareront, sache que je suis toujours aussi près de *toi que toi, de moi. C'est ainsi que la mort loin de nous séparer nous réunira à jamais. Que la paix soit avec toi, ta famille et toute ta descendance.*

Jésus le Nazaréen

La lecture terminée, un grand silence se glisse entre eux. Leurs regards se croisent sans s'attarder et, à la manière de l'icône de la Trinité de Roublev, les trois amis fixent la chaise restée libre, la place imaginaire de Marie-Madeleine. Sophie pose doucement sa main sur celle, glacée, de son ami croyant.

– Il y a de quoi avoir froid, lui dit-elle. Le contenu de cette lettre pose de sérieuses questions à l'Église. Il porte un message qui me rend cet apôtre encore plus sympathique. Les peintres et les sculpteurs le représentent souvent sous les traits d'un juge austère qui détient les clés du pouvoir. Enfant, on m'a enseigné que saint Pierre se tenait à la porte du ciel. C'est lui qui vérifiait si notre nom était écrit dans le grand livre de l'éternité. Quand ma grand-mère est décédée, je n'étais qu'une enfant et j'entends encore maman lui dire : « Ne t'en fais pas, maman, tu as gagné ton ciel. Saint Pierre a déjà inscrit ton nom en lettres d'or dans son grand livre. Il t'attend à la porte. »

Cette image m'a suivie longtemps. Je me demandais si mon nom à moi serait inscrit en lettres d'or. Quelle bêtise! Simon-Pierre était avant tout un homme, un père de famille, un travailleur et cela a fait de lui un excellent chef. Je suis émue de constater qu'il était plutôt un colosse aux pieds d'argile. Comment est-il mort, au fait?

– Il serait mort à Rome vers l'année 64. On en ignore la date exacte. Il aurait été crucifié la tête en bas dans les jardins de l'empereur Néron qui avait ordonné son exécution. Sous la basilique Saint-Pierre de Rome, on a trouvé des vestiges, datant du IIe siècle, de ce qui s'avère être un lieu de vénération pour sa mémoire. Cela pourrait être son tombeau.

– À propos de la basilique Saint-Pierre et du Vatican, enchaîne Alexandre, l'institution de l'Église a un fichu problème, elle qui va à l'encontre du message de Jésus dans cette lettre. Je crois néanmoins que la construction des églises et des cathédrales a été un événement heureux pour l'Occident et pour l'Orient. Comme architecte, je serais malheureux que ces constructions n'aient pas existé. Les églises aux vitraux magnifiques, les splendides cathédrales, les somptueux édifices du Vatican, toutes ces œuvres grandioses témoignent du génie de notre civilisation.

– Alex, on ne refait pas l'histoire, prévient Sébastien. Je veux bien reconnaître avec toi que le christianisme a donné des merveilles architecturales à l'humanité. Tu vois cela avec tes yeux d'architecte et de connaisseur d'art. Quand tu es allé faire un stage à Strasbourg, tu me disais quel bonheur tu avais éprouvé à visiter les églises de France, d'Allemagne et d'Autriche. Pour les croyants, est-il nécessaire d'avoir de tels bâtiments dédiés à la gloire de Dieu? Je pense que oui. Les célébrations grandioses et la musique des grandes orgues peuvent élever l'âme. Par contre, le message de Jésus se veut proche du quotidien. Jésus se préoccupait davantage de la dignité humaine, de l'injustice, de la violence faite aux plus faibles, de la torture et des inégalités sociales. Il n'a pas fondé l'Église que nous connaissons; elle aurait été bien différente, si on tient compte de son expérience avec le pouvoir religieux du temps. Ce sont les apôtres qui ont bâti l'Église avec l'assistance de l'Esprit saint. Mais ils ont agi dans les limites de leurs connaissances, qui étaient plutôt restreintes.

– Si je reconnais que la religion catholique a rayonné par ses monuments architecturaux, je ne le fais pas par déformation professionnelle. Il ne faut pas oublier, par souci d'objectivité, que beaucoup de riches ont investi leur fortune dans la construction de ces magnifiques œuvres d'art, à l'invitation des dirigeants de l'Église bien entendu.

— Ainsi, Alexandre, tu serais d'accord avec le pape Sylvestre Ier, lorsqu'il a accepté que l'empereur de Rome, Constantin, lui remette tous les temples païens. De plus, l'empereur a proclamé que la foi chrétienne était la seule véritable religion et qu'il se réservait le droit de massacrer tous ceux qui refusaient de se convertir. Pour que le christianisme devienne religion d'État, il a fallu conclure un pacte avec le pouvoir politique et fermer les yeux sur ses agissements les plus répréhensibles. Je suis d'avis que l'Église aurait gagné à continuer de célébrer la foi dans de simples maisons plutôt que d'épouser le pouvoir temporel qui a dénaturé son enseignement originel.

— Je comprends que nous touchons là à des questions infiniment complexes, qu'il importe de situer dans leur contexte historique, lui répond Alexandre.

— En tous les cas, dit Sophie, architecture ou pas, il n'y a jamais eu de papesse et j'ai l'impression qu'il faudra encore quelques millénaires avant qu'on n'en élise une.

— Savais-tu que, selon une légende du XIIIe siècle, il y aurait eu une femme pape, une certaine Jeanne. Elle aurait succédé à Léon IV en l'an 855 et aurait porté le nom masculin de Jean L'Anglais.

L'information de Sébastien laisse Sophie pantoise tandis qu'Alexandre se bidonne.

– Farce à part, réplique Sophie, tant dans la lettre aux femmes que dans celle adressée à Pierre, Jésus était en faveur de l'ordination des femmes, n'est-ce pas?

– C'est bien évident, de reprendre Sébastien. Jésus affirme que les femmes sont égales aux hommes et qu'elles peuvent présider à la fraction du pain et au service de la coupe, ce qui désigne clairement la célébration de l'Eucharistie.

– Alors, renchérit Sophie, si Pierre a bien reçu cette lettre de Jésus, pourquoi n'a-t-il pas agi en conséquence? J'ai l'impression que l'Église n'a jamais tenu compte du message contenu dans la lettre de Pierre, du moins si l'on se fie à la doctrine qu'elle prône depuis ses débuts.

– Aucun texte canonique, donc approuvé et reconnu par l'Église comme fondement de la foi, ne mentionne que des femmes exerçaient le ministère de prêtre. Par contre, il est permis de croire que plusieurs femmes disciples ayant côtoyé Jésus ont effectivement exercé ce rôle. Il ne faut pas oublier que tous les textes retenus pour former le Nouveau Testament ont été rédigés par des hommes ou des groupes d'hommes. Les femmes n'avaient pas un rôle important dans la société de cette époque de sorte que les auteurs des textes sacrés et les gardiens de la tradition ont pu volontairement omettre certains passages compromettants.

Alexandre réplique à Sébastien :

– Tu as du chemin à faire à l'intérieur de l'Église pour la rendre transparente au message du Christ.

– Maintenant, si on lisait les autres lettres? demande Sophie.

– Tu as raison, laissons notre exégète nous livrer son trésor, entérine Alexandre.

Sébastien sort de sa valise une enveloppe portant l'inscription «Lettre à Joseph». Dans les premières lignes de sa lettre à Simon-Pierre, Jésus mentionne le rôle que celui-ci a joué à la mort de son père Joseph. Sébastien croit que la lettre à Joseph devrait être le prochain document à partager.

– Voici la lettre que Jésus a écrite à son père Joseph. Marie-Madeleine connaissait de réputation le père de Jésus. Le port de Magdala regorgeait d'embarcations dont un grand nombre étaient sorties des ateliers du charpentier Joseph. Ce n'est que beaucoup plus tard, à la mort de ses parents, qu'elle s'installera plus au sud, à Béthanie, avec son frère Lazare et sa sœur Marthe. Sa famille avait fait quelques commandes à Joseph, mais sans plus. On le savait assez distant à l'égard des riches.

Lettre à mon père Joseph

Cette lettre posthume, je la dédie à mon père Joseph. J'en confie l'écriture à ma bien-aimée disciple Marie, qui verra par ses soins à ce qu'elle soit remise à la famille de mon père. Ma mère Marie pourra en prendre connaissance. Je sais que papa aurait beaucoup aimé Marie la Magdaléenne. Je sais aussi que, dans le passé, ma famille a été perturbée autant par le mariage de papa que par l'événement de ma naissance. Je souhaite que la beauté de ma relation filiale soit pour elle une consolation. Cher papa, les mots me semblent faibles pour t'exprimer mes sentiments. Je te les confie humblement comme un hommage à ta paternité.

Je me souviendrai toujours de cette dernière journée à Capharnaüm. Je venais de célébrer mes vingt ans et tu venais de terminer de construire l'embarcation de ton ami Siméon. Tu aimais tant partir à la pêche avec tes amis, cela te reposait de la dureté du quotidien. En guise de remerciement, Siméon décida de t'emmener au large du lac de Tibériade. J'étais resté avec maman sur le rivage, préférant te laisser vivre ce moment d'amitié. Tu avais insisté pour que j'embarque avec vous. Avec ses yeux couleur de tendresse comme pour me dire : laisse-le partir, maman avait refusé que je te suive. En quelques heures, le moment de fête se transforma en drame funeste. Un vent sournois s'était levé et son rugissement déchirait le ciel. Maman était foudroyée de peur et moi, si j'avais pu calmer les eaux, je l'aurais fait. La tempête dura une éternité. Immobiles et transis d'angoisse, nous regardions vers le large. Le ciel ressemblait au grand rideau du Temple. Nous espérions qu'il se déchire et que la lumière d'une fin d'orage jaillisse. Mais il ne persistait que la longue nuit de l'attente et du doute.

Dès l'aube, d'autres embarcations purent quitter le rivage à la recherche de la vie, de ta vie. Hélas, la mer calmée avait englouti jusqu'au tréfonds de ses entrailles la chair et le bois. Je n'avais ni corps pour embaumer ma souffrance, ni visage pour pleurer ton absence. La mer a tout pris de toi et m'a laissé les mains vides et la tête en feu.

Le rabbin a récité les prières rituelles. « Qui a péché pour qu'un tel malheur arrive ? » proclama-t-il. Voilà comment il osa harceler Marie, ton épouse et ma mère. Je n'étais pas ton fils, me criait-on du dehors. Étais-tu mon père ? me criais-je du dedans. Je vivais dans le doute, et ta mort tragique me révoltait. J'ai fermé ton atelier comme on scelle un cercueil, enfouissant dans mes plus beaux souvenirs ce qui restait de toi. Je ne serai pas charpentier. J'ai confié Marie à la vigilance des amis intimes qui nous étaient restés fidèles. Je suis parti sur les routes à la recherche de toi, de moi et de la réponse de mon Dieu.

Les années se sont égrenées et une semence a grandi en mon cœur. Sur la route du désert, j'ai découvert ton visage et il avait celui de Dieu. J'ai compris alors que Dieu te ressemblait, qu'Il veillait sur moi, qu'Il aimait comme toi. Je suis né chez toi et c'est avec toi que j'ai appris à vivre et à aimer. Enfant, tu veillais sur moi le jour comme la nuit, lavant les écorchures récoltées durant mes nombreuses escapades. J'aimais que tu me tiennes la main quand nous marchions au bord du lac. Je la sentais noueuse et délicate, forte et créatrice. Tu étais mon père et j'en étais fier. J'aimais que tu me portes sur tes solides épaules. J'avais l'impression de voler très haut entre ciel et terre.

Les rabbins te faisaient la vie dure. Ils parlaient de lois et toi, de justice; ils criaient leur colère et toi, tu caressais mes cheveux. Ils te regardaient de haut dans leurs habits d'apparat et toi, courbé sur le bois, en habit de travail, tu donnais vie à l'arbre mort. Ils dégageaient une odeur de parfum, toi celle de la sueur, et de ton front des gouttes perlaient comme un diadème. J'étais fier de mon père. Tu te tenais debout comme un chêne, comme un arbre de vie. Je serai le charpentier des cœurs et je bâtirai la barque de l'amour et de la fraternité. Je serai le charpentier du seul vrai temple que l'on puisse ériger, sans orgueil ni vanité, celui de tout être en quête de dignité.

Si je n'ai pas ta carrure et tes mains, sache que j'ai ton cœur et tes gestes. Plus jamais d'exclusions et de jugements hâtifs, plus jamais l'hypocrisie. Mon Dieu a le visage d'un papa. Si ta mort est blessure, elle n'a jamais été punition. Je comblerai le vide de ton absence par mon amour filial qui, lui, ne peut mourir.

Je t'aime, papa. Oui, j'aimerais marcher sur les eaux de la mort afin que nous soyons ensemble pour l'éternité. Qu'il plaise à Dieu que l'amour soit vainqueur de la mort.

Jésus le Nazaréen, ton fils

Cette lettre ravivait chez Sébastien une blessure toujours à vif, celle de la mort tragique de ses parents dans un accident d'auto. En pleine tempête de neige, ses parents avaient décidé de venir le chercher au collège pour les vacances de Noël. Sur l'autoroute glacée, un fardier a perdu le contrôle et a embouti leur voiture. Les occupants sont restés coincés dans la masse de ferraille, le feu a fait le reste. Les joies de la fête de Noël, annonçant la naissance du Sauveur, restent étouffées dans son cœur. Depuis treize ans, il a toujours fui les réjouissances de Noël. Pendant ses études théologiques, il a pris conscience que la naissance de

Jésus était autre chose qu'une grande fête de famille où l'on danse toute la nuit. Jésus est né dans des conditions modestes. Cette nuit-là, Marie et Joseph ont certainement vécu une grande angoisse. Sur la route, épuisés par le voyage et contraints de se réfugier chez des inconnus plus ou moins accueillants, ils vécurent l'accouchement de leur fils dans des conditions difficiles. Sébastien avait donné un sens théologique à la disparition de ses parents. La mort est une naissance et, comme Jésus, ses parents étaient nés à Dieu sur la route, en compagnie d'inconnus et pendant une nuit froide. Sa blessure d'orphelin continuait de lui faire mal.

Sophie, qui devinait son état d'âme :

– J'ai pensé à tes parents pendant que tu faisais la lecture de cette lettre.

Les trois amis ressentent la douceur de la compassion. Sophie reprend la parole.

– Au début de la lettre, Jésus fait allusion à certaines difficultés que son père aurait eues avec sa propre famille. De quoi s'agit-il?

– L'Évangile de Matthieu raconte que Joseph avait choisi Marie comme épouse et qu'elle est devenue enceinte avant que le couple ne vive ensemble. Il s'agissait d'une situation inacceptable pour des Juifs pieux. Si Marie avait rencontré un autre homme, alors elle était adultère, et, selon la Loi, elle devait être répudiée par le mari; si Joseph l'avait mise enceinte avant le mariage, elle était considérée comme une fille de mauvaise vie, car la Loi interdisait toute relation sexuelle en dehors du mariage. Dans l'un ou l'autre cas, la honte rejaillissait sur les deux familles. Pris dans ce dilemme, Joseph décida de garder Marie comme épouse. On peut imaginer le scandale dans les familles.

— Alors, demande Alexandre, qui est le père de Jésus?

— La doctrine officielle de l'Église catholique ne laisse place à aucun doute. Marie est devenue enceinte par la puissance du Saint-Esprit. Présentement, chez un grand nombre de croyants et de croyantes, théologiens ou simples pratiquants, cette question est souvent soulevée. Que Joseph soit le père de Jésus ne change absolument rien à la réalité de la personne de Jésus, ni à son message, ni au fait qu'il soit Christ et Seigneur. Il y eut une époque où l'acte sexuel était vu comme un péché. Aujourd'hui, nous constatons que les situations de péché ne sont pas réduites seulement à la sexualité, mais davantage liées à la dignité humaine, à la justice et au respect. Jésus est né et il a vécu parmi nous. C'est un fait historique. Pour le reste, il faut user de son intelligence et de sa conscience personnelle pour se faire une opinion.

– J'apprécie ta façon d'aborder la question, réplique Sophie. Pourtant, dans cette lettre, Jésus considère vraiment Joseph comme son père légitime.

– Peu importe ses origines biologiques, Jésus considère Joseph comme son vrai père. Qu'il soit le fils adoptif de Joseph ou son fils biologique ne fait aucune différence pour lui. Prenons l'exemple des enfants adoptés, ils considèrent leurs nouveaux parents comme leur vrai père et leur vraie mère. Bien sûr, il y a des exceptions. Jésus se reconnaît donc comme le fils de Joseph et il en est fier. J'irai même plus loin. Dans la prière du *Notre Père* que Jésus a enseignée à ses disciples, le terme qu'il utilise pour désigner Dieu s'écrit en araméen *Abba*, qui se traduit par « papa ». Dans sa lettre, Jésus utilise le même terme *abba* pour nommer sa relation à Joseph. Ainsi, il est vrai que la relation que Jésus a eue avec son père a marqué sa propre perception de Dieu. D'ailleurs, je ne vous cacherai pas que notre perception de Dieu est le reflet de l'image que nous avons conservée de nos parents. Un père sévère devient un Dieu sévère, un père qui punit devient un Dieu qui punit, un père qui aime devient un Dieu qui aime, et ainsi de suite. J'ai dit « père » mais j'aurais pu également utiliser le mot « mère ».

– Avec les problèmes relationnels que je vis avec mes parents, je comprends pourquoi j'ai tant de difficulté avec le bon Dieu... ajoute Sophie.

Alexandre, d'enchaîner :

– Pourquoi la mort tragique de Joseph serait-elle une punition de Dieu aux yeux des rabbins ?

– Dans la religion juive, contemporaine de Jésus, la maladie, les infirmités, les malheurs, les morts accidentelles sont des punitions de Dieu pour un péché commis. À l'inverse, si quelqu'un est riche, en santé et heureux, c'est que Dieu le bénit, donc le récompense. On appelle cela la « loi de rétribution ». Dans les Béatitudes de l'Évangile, les affirmations telles que « heureux ceux qui pleurent, heureux ceux qui souffrent » vont dans le sens contraire de la loi de rétribution. Pour les rabbins, les Béatitudes sont une insulte à l'agir de Dieu. En conséquence, la mort tragique de Joseph ne pouvait être qu'une punition. Il fallait trouver un coupable. C'est la raison pour laquelle les lépreux étaient si rejetés. Ils portaient la marque du péché dans leur chair, donc la punition de Dieu. Jésus s'est opposé radicalement à cette vision de l'agir de Dieu. Toujours en se basant sur le parchemin signé de Marie, on découvre des explications nouvelles sur

Joseph. Pour les chefs religieux, Joseph était, de par sa personnalité, un homme dérangeant et cause de péché. Non pas uniquement en raison du mystère qui planait autour de sa relation avec son épouse, mais aussi par la nature même de son travail. L'atelier de Joseph se spécialisait dans les charpentes de bateau. Il devait négocier des contrats de construction tant avec des Juifs qu'avec des non-Juifs. Le commerce avec les étrangers n'était pas possible pour un Juif pratiquant. Le seul fait de manipuler l'argent qui passait de main en main et de côtoyer des étrangers plaçait un Juif en état de péché, une sorte de souillure presque physique transmise par le contact avec un païen. De plus, les embarcations construites par Joseph servaient non seulement à la pêche mais aussi au transport de marchandises étrangères. Le charpentier avait appris à se défendre des attaques rabbiniques et ne s'en laissait pas imposer. Cela aussi a certainement eu une influence sur son fils Jésus.

Sophie, tout en jetant un œil scrutateur vers la valise de Sébastien, lance :

– Après le papa, pourquoi pas la maman? Est-ce que Jésus a écrit une lettre à sa mère?

Affirmatif, Sébastien sort une nouvelle lettre, celle que Jésus a adressée à Marie, sa mère. Dans son manuscrit biographique, Marie-

Madeleine est explicite sur la relation de Jésus avec sa mère. Il est fort probable que Jésus a confié ses différents états d'âme à sa disciple bien-aimée. Par ailleurs, la mère de Jésus a certainement créé des liens privilégiés avec Marie-Madeleine, se permettant même de lui raconter ses tourments de mère envers un fils comme Jésus. Sébastien se lance dans un exposé inspiré du manuscrit écrit par la disciple bien-aimée.

– L'arrivée de Marie-Madeleine dans la vie de Jésus dérange passablement les plans de Marie sa mère. À la mort de Joseph son mari, le drame avait perturbé la vie de son fils. Lui, si joyeux et espiègle, est devenu triste et renfermé. Il fréquentait des personnes de réputation douteuse, tant en raison de leurs idées que de leurs comportements. Les absences prolongées de Jésus n'étaient pas pour la rassurer. Il ne lui faisait plus de confidences. Quand il revenait de voyage, il ne lui racontait rien. Il devenait de plus en plus secret. Bien sûr, Jésus avait toujours conservé de fidèles amis. Probablement qu'eux en savaient plus long sur la vie de Jésus que sa propre mère. Marie souffrait de cette distance. Oui, il l'aimait beaucoup et, de cela, elle n'avait aucun doute. Elle aurait aimé qu'il passe moins de temps à la bergerie d'une famille amie. Il avait maigri et refusait qu'elle lui tisse un nouvelle tunique. Enfant, il avait fière allure et elle aimait qu'il porte de beaux vêtements, modestes mais propres. Jeune, il raffolait des gâteaux au miel. Maintenant, il semblait ne plus avoir souvenir de ces gâteries qu'elle aimait tant lui préparer. Oui, la mort de son père avait changé son fils. Il avait toujours manifesté un certain mysticisme. Il affectionnait la solitude, se retirait pour prier ou passait de longues journées dans la contemplation en pleine nature.

« Un jour, Marie vit son fils partir en mer avec son ami Simon. Jésus avait été si terrifié par la disparition de son père Joseph qu'il ne voulait plus aller sur l'eau. Marie savait que, malgré sa force physique, son fils avait une sensibilité qui le faisait souffrir. "Il lui faudrait une femme, pensait-elle. Ses amis ne peuvent suffire à combler son manque d'amour. Une femme pourrait s'occuper de lui, bien le nourrir, le vêtir et lui donner des fils et des filles." Mais voilà que l'exubérante Marie-Madeleine survient parmi son groupe d'amis. Elle n'est pas de leur rang social et, par surcroît, dépensière. Elle s'habille comme une courtisane et parle en plein midi à des hommes, avec le sans-gêne d'une prostituée. Elle fréquente la cour du roi Hérode. Si Joseph était encore de ce monde, cela ne se passerait pas comme cela. Cette femme a sur son fils une influence qui risque de mal tourner. De plus, même s'il projetait de se marier, il serait incapable de payer la dot ou de gagner assez d'argent pour faire vivre une femme qui a un si haut train de vie. Son fils vit comme un itinérant.

« Pourtant, au fil du temps, les deux femmes se sont apprivoisées. Marie a découvert chez Marie-Madeleine une femme aimante, intelligente, pas du tout prétentieuse. Elle croyait que cette courtisane transformerait son fils. Qu'elle le détruirait avec sa richesse et ses extravagances. Au contraire, c'est lui qui l'a transformée. Marie-Madeleine a vendu plusieurs de ses bijoux pour les donner à la léproserie située à la porte de la ville. Ses vêtements restent soyeux, mais moins flamboyants. Les deux femmes sont devenues amies. Elles se ressemblent tellement que l'on pourrait prendre l'une pour la fille de l'autre, celle qu'elle n'a pas eue. Unies par l'amour qu'elles portent différemment à Jésus, leur destin sera à jamais lié. Voilà ce que je peux conclure d'une manière romancée de ce que fut la relation de Marie et de la disciple bien-aimée. »

Sébastien se verse un verre d'eau fraîche et doucement commence la lecture.

Lettre à ma mère Marie

À toi Marie, ma mère, à qui je rends grâce aujourd'hui par cette missive. Elle est écrite de la main de Marie, ma disciple bien-aimée, qui éprouve envers toi comme toi envers elle des sentiments de reconnaissance et d'affection.

En cette nuit pénible de ma vie, je veux te dire, chère mère, tous les sentiments qui m'habitent. Ce n'est plus qu'une question d'heures avant que les gardes ne viennent m'arrêter. Sache que rien, ni aucune souffrance, ni aucune persécution, ni aucun rejet, ni même aucune trahison, ne pourra éteindre la joie de t'avoir eue comme mère et confidente. Tu es bénie entre toutes les femmes de m'avoir enfanté et je te demande de me pardonner si je t'ai fait souffrir.

Cette nuit sera des plus pénibles pour toi quand se déchirera ma vie. Ne quitte pas la maison, j'ai peur qu'un glaive ne vienne te transpercer le cœur. Je voudrais ne pas être né si ce que je suis te fait trop souffrir. Plus que la couleur de tes yeux, c'est ton regard de bonté qui m'a appris à regarder les gens.

Dès l'enfance, tu me laissais jouer avec des étrangers. En cachette, tu nous apportais des figues fraîches et de délicieux gâteaux au miel en prenant soin de les partager également entre tous. Je me souviens, mère, de ces jours de fatigue où, te sentant affaiblie, j'allais au puits à ta place, faisant comme les autres femmes venues puiser l'eau du quotidien. Les railleries qui m'étaient destinées n'avaient aucune emprise sur ma volonté de t'aider à alléger le poids du quotidien. Lorsqu'un jour tu me trouvas fiévreux et que le rabbin, venu à mon chevet, jeta un œil sévère sur toi, t'accusant d'un péché qui avait causé ma maladie, j'ai vu tes larmes et, malgré mes quinze ans, j'ai su déjà qu'il n'y avait que mépris chez cet homme. S'il avait su quelle femme tu étais, c'est lui, à genoux, qui t'aurait demandé pardon de l'infâme soupçon.

À vingt ans je décidai de m'éloigner de Nazareth et je vois encore au moment de mon départ ton regard à la fois aimant et souffrant. Père n'y étant plus, tu ressentais la solitude dans la maison devenue trop grande. L'appel du voyage m'attirait déjà lorsque, enfant, je grimpais sur la branche la plus haute du sycomore pour observer le coucher du soleil. Enfant, j'aimais aussi m'endormir alors que tu me chantais les psaumes d'action de grâce. En cette nuit, c'est ce même chant qui monte en moi, qui surgit de ma mémoire, apaisant mes angoisses et ma peur de la mort. Comme j'aimerais une dernière fois m'endormir par ton chant, douce et généreuse maman.

Je t'ai souvent inquiétée par mes folles escapades. Tu m'as transmis le goût de comprendre, de questionner, de découvrir et de bien évaluer les différences sans porter de jugement. Lorsque je revenais à la maison, tu faisais comme si je n'étais jamais parti et m'accueillais sans poser de question. Comme j'ai aimé cette complicité silencieuse.

Tu aimais les choses simples et avais horreur de te déguiser en femme du monde, comme tu disais, vêtue de fine soie et de parures délicates. C'est vêtue de cette simple façon qu'un jour de noces tu sentis que je devais effectuer plus qu'un pas de danse et oser prendre la route qui se traçait devant moi. Pour cacher ma peur de m'engager sur un chemin qui m'éloignait de ta présence, souviens-toi, j'ai dansé plusieurs fois avec toi. Les invités croyaient que c'était l'ivresse du vin, mais toi et moi savions que c'était l'ivresse d'une mission à accomplir qui nous faisait peur tous les deux. Ce soir-là, j'ai dit oui à ma mission comme maintenant en cette nuit je dis oui.

Lorsque je me suis mis à fréquenter la maison de mon meilleur ami Lazare, je sentais que tu craignais mon attachement envers Marie, une courtisane. Tu avais d'autres desseins pour moi. N'avais-tu pas confié à une voisine que c'est Marthe qui te semblait plus apte à être mon épouse que Marie? Tu me trouvais amaigri et croyais que c'était une femme sachant tenir maison qui me conviendrait le mieux pour me revivifier. Aujourd'hui, je sais que tu as accueilli Marie comme ta fille bien-aimée, car tu as tout compris de ma mission.

Dans les derniers mois, tu as vécu difficilement mes longues absences. Je le regrette comme fils mais non pas comme celui qui devait accomplir la divine révélation. Par ta prière, j'ai appris à prier; par ton accueil inconditionnel, j'ai appris à faire fi des préjugés; par ta tendresse, j'ai découvert la puissance de la compassion. En cette nuit, je voudrais te rendre au centuple tout ce que tu m'as donné, c'est-à-dire la vie. Je sais maintenant que la mort ne mettra pas un terme à ma vie. J'ignore comment cela se fera, mais j'ai peur, mère, de ce moment de passage. Je souhaite une seule chose. Que le Dieu de nos pères, celui que j'aime appeler Papa, celui en qui tu as toujours cru avec tant d'amour et de confiance, que ce Dieu ne m'abandonne pas. Je devine que, si je peux appeler Dieu Papa, je pourrais tout aussi bien lui donner le nom de Maman. S'Il a tes yeux, je sentirai que je suis Son enfant. S'Il a ta tendresse, je ne craindrai aucun mal. S'Il a ton amour, avec Lui je pourrai traverser les ravins de la mort. Dernièrement, j'ai beaucoup parlé dans les lieux publics et avec beaucoup de gens. Pourtant à aucune de ces personnes je ne pourrais dire ces mots que je t'adresse aujourd'hui.

Tu es unique entre toutes les femmes. Si j'ai osé aller si loin dans mes audaces et mes dénonciations, c'est qu'à l'origine de ma vie il y avait toi, ton amour et ton acceptation. Tu as accepté que j'existe en sachant qu'un jour je devrais m'éloigner physiquement de toi. Tu méditais tout cela dans ton cœur et tu as su me faire franchir les étapes qui m'ont conduit à cet éveil. Ce que tu m'as appris, c'est de ne jamais posséder les personnes. Oui, tu m'as donné la vie, mais non pour me garder pour toi, non pour m'empêcher de grandir, non pour avoir peur que je te quitte. Ton oui

à ma vie m'a permis de vivre les plus belles découvertes. Ton oui à ma vie m'a rendu libre de te ressembler et d'être différent. Jamais un reproche n'est
sorti de ta bouche. Ton oui à ma vie c'est la confiance
et l'abandon en ce que je suis appelé à devenir. Je
regrette qu'à travers moi tu aies à souffrir de la bêtise
de ceux qui désirent ma mort. Mais l'amour vaincra.

Dès que tu recevras cette lettre, quitte Jérusalem et
rentre à la maison, car te voir souffrir de mes souffrances m'afflige encore plus que la souffrance elle-
même. Si tu décides de rester, que nos silences soient
notre dernière parole.

Je te salue Marie, ma mère, comblée de grâce et
de bénédiction. Ne pleure pas, pense à la vie donnée,
elle t'ouvrira les portes de l'éternité.

Jésus le Nazaréen, ton fils bien-aimé

– Marie était une mère non possessive.
C'est extraordinaire! lance Sophie. Jamais je ne
pourrais écrire une lettre semblable à ma mère,
qui est dominatrice et possessive. Certes, maman a eu des parents sévères et exigeants
mais, au lieu de se dire « je ne serai pas comme
eux », elle a fait pire. Sans entrer dans une
thérapie, je peux vous avouer, particulièrement
à toi mon amoureux fou, que je désire avoir
des enfants un jour, mais que j'ai très peur de

ressembler à ma mère pour ce qui est de leur éducation. Détester sa mère, c'est pénible, aucun enfant ne devrait vivre cela.

– Être parent m'apparaît difficile et moi aussi, j'ai besoin d'une période de réflexion, lui avoue Alexandre. Cette lettre témoigne d'une merveilleuse complicité entre Jésus et sa mère. Par contre, on y découvre aussi des regrets et des souffrances, et ce, même si leur relation était excellente. J'ai souvent eu l'impression que Jésus est né comme un Dieu qui s'incarne mais qui reste toujours conscient de sa divinité. Il sait tout, il comprend tout. Comme s'il avait fait semblant d'être un homme. Par ces lettres, je découvre un homme qui cherche sincèrement à comprendre sa propre vie imprégnée du tissu familial et social de son époque. Jésus humanise Dieu. Oui, je crois que Dieu existe. Mais ce qui me dérange, c'est l'image qu'on nous a transmise de Dieu et surtout l'infantilisme qui se rattache à son image. Je trouve heureux pour les croyants qu'il se soit incarné. Si Dieu était resté dans son divin monde, il serait comme un extraterrestre, incapable de comprendre ce qui se passe dans l'humanité. Si être père nous fait ressembler à Dieu, peut-être que je devrais y songer sérieusement.

– Jésus a puisé dans son expérience humaine les grands thèmes de sa réflexion, enchaîne Sébastien. Ce qui fait la puissance de son message, c'est son intensité de vivre. La découverte de Dieu passe par ses expériences de rencontre. D'après les récits évangéliques, le cœur du message de Jésus était l'amour. Ce n'est pas pour rien que l'évangéliste a décidé que la vie publique de Jésus commencerait lors d'une célébration de l'amour, soit les noces à Cana.

— Est-ce que Jésus a écrit aux deux amoureux de Cana? demande Sophie.

— Oui, Sophie. Ce n'est pas un hasard si Jésus était aux noces de Cana. Il avait des affinités avec les futurs mariés. Marie-Madeleine nous a transmis un récit fort précieux sur le couple de Cana.

— Avant de lire cette lettre, Sébastien, j'aimerais que tu nous parles de Cana. Je sais seulement que c'est à cette occasion que Jésus a changé l'eau en vin. En passant, puisqu'on ne semble pas trop vouloir boire de vin, je vous suggère de la bonne eau fraîche provenant directement du puits. Ça aussi, c'est biblique. N'est-ce pas la samaritaine qui a puisé de l'eau pour Jésus?

Sophie rit franchement de l'allusion d'Alexandre et verse un verre d'eau à chacun de ses amis.

— Tu en connais plus que tu ne le dis sur la bible, Alexandre. Maintenant, je vais vous dire ce que je sais sur Cana, un village de Galilée situé à une dizaine de kilomètres de Nazareth. Joseph et Marie connaissaient bien les habitants de ce village et, en particulier, les familles de Myriam et d'Éphraïm qui avaient décidé de se marier. Les parents des futurs mariés avaient assisté au mariage de Joseph et Marie et ils avaient apporté un précieux soutien à Marie lors du décès de son mari. Marie-Madeleine n'était pas du même rang social que Myriam et Éphraïm, mais elle aimait tellement festoyer qu'elle a voulu assister à leur mariage. En Galilée, un mariage est un événement public et on ne refuse personne qui s'y présente sans être invité. Quelques jours avant ce mariage, le père de Marie de Magdala décède. Elle était donc dans la période obligatoire de deuil. La loi hébraïque exigeait que pendant trente jours la personne endeuillée porte de vieux vêtements et reste à la maison. Cette contrainte risquait de contrecarrer les projets de Marie-Madeleine. De plus, son frère Lazare, qu'elle avait en haute estime, manifesterait son mécontentement si elle ne respectait pas le deuil. Mais Marie-Madeleine avait été avertie de la présence de Jésus aux noces. Elle en avait entendu parler par Marthe. Ce fils de charpentier impressionnait, se démarquait par l'audace et la justesse de ses propos. Il s'en prenait au pouvoir du roi Hérode ainsi qu'à celui des autorités religieuses, avec tous les risques que cela comportait. Or, Marie-Madeleine aimait les hommes qui se distinguaient par leur hardiesse. C'est ce point qu'elle fit valoir à Lazare en lui promettant de ne pas danser durant le mariage. Elle réussit à le convaincre, mais il resta anxieux, se sentant complice d'un délit, bien que sa sœur en ait commis bien d'autres. Voilà pour la mise en situation. Est-ce que cela vous suffit pour entreprendre la lecture de la lettre de Jésus?

— Tout à fait, répond Alexandre.

— Tant mieux, cette lecture est donc pour toi! réplique Sébastien, fier de son coup.

Sébastien remet les feuilles de traduction à Alexandre et l'invite à faire la lecture de la lettre.

— Tu sais que je ne suis pas très habile pour lire à voix haute, mais j'accepte de bon cœur. Sophie, que dirais-tu si on imaginait que Jésus veut nous transmettre un message personnel?

— Quelle bonne idée, mon amour! Allez, on t'écoute.

Lettre à Myriam et Éphraïm

À vous, Myriam et Éphraïm, j'écris cette lettre par l'entremise de Marie, ma fidèle et bien-aimée disciple, qui était présente à vos noces à Cana. Les liens familiaux et amicaux nous ont permis de nous rencontrer souvent et j'ai beaucoup d'affection pour vous. Il se dessine pour moi une route difficile et je crains de ne pouvoir vous retrouver que dans une vie après la vie. Aussi, j'ai voulu vous transmettre par écrit ce dernier entretien.

Il me semble que le jour de vos noces, c'était hier. Maman avait insisté pour que je l'accompagne. Il y avait de l'amour dans l'air et, vous savez comme moi, que vos noces ne s'annonçaient pas sous des augures favorables. Myriam, tu portais déjà en ton sein le germe de la vie et ma mère, mise au courant, m'avait confié ton secret. Éphraïm, nous avons beaucoup dansé ce soir-là pour célébrer votre amour et témoigner de notre indéfectible amitié. Vous avez dû subir l'opposition de vos familles lorsque vous avez voulu affirmer votre droit de célébrer votre amour. Plusieurs ont douté de son authenticité et je savais que votre cœur avait la transparence de l'eau de source. Il arrive qu'à trop vouloir le bonheur de leurs enfants, des parents piétinent sans le savoir le trésor chéri d'un fils, d'une fille. Par la joie de vos noces, vous avez réconcilié vos familles et leur avez ainsi donné l'occasion de vous accepter l'un et l'autre. La beauté et la sincérité de votre amour ont permis votre victoire.

Votre lutte, vous l'avez menée contre les exigences de la tradition et vous avez refusé de monnayer votre union. La différence de richesse entre vos familles empêchait que le montant minimal exigé par la Loi pour le versement de la dot soit respecté. Éphraïm, tu ne voulais pas verser de dot ni que Myriam soit considérée comme un objet rare et précieux que l'on achète. Vos écarts de fortune ont fait jaser. Si, en plus, vos parents avaient été informés que Myriam était enceinte, le rejet aurait été total. Les difficultés que vous avez traversées ont cimenté votre union. Non pas que les souffrances soient une nécessité mais, lorsqu'elles surviennent et qu'on sait les surmonter, alors on peut grandir.

Ma mère vous avait fait cadeau d'une coupe en argent ciselé. Sa modeste condition ne lui permettait pas d'offrir davantage. Elle vous a offert ce cadeau en disant qu'il était de nous deux. En fait, elle ne voulait pas que je me présente les mains vides, n'ayant que mon amitié à vous offrir. Avec le recul, je découvre que ce cadeau symbolisait l'apprentissage de la vie à deux. Il m'apparaît évident qu'il faut éviter que le mariage produise la fusion de l'un dans l'autre, ce qui ferait disparaître votre identité spécifique. Vous m'avez démontré, par vos divers combats, le caractère distinct et complémentaire de vos deux personnalités. Une seule coupe pour un même destin, un unique amour et deux êtres différents. Dans le mariage, l'amour jaillit de deux cœurs, mais il exige aussi de boire à une même coupe. S'abreuver à une même source, qu'est l'amour, c'est apprendre à se donner et à vivre dans la confiance et le respect.

S'il survient des différends entre vous, sachez dresser la table et n'y placez qu'une seule coupe pour célébrer l'amour que vous éprouvez tous les deux. C'est pendant la saison sèche qu'il faut aller au puits pour s'abreuver et se vivifier. L'amour a aussi ses saisons, il faut puiser à la source quand arrive la sécheresse.

Il est dit dans la Loi que la femme doit se soumettre à l'homme. Moi, je vous dis que ni l'un ni l'autre ne doit se sentir dominé. La seule soumission qui puisse exister entre vous est celle de l'amour mutuel dans un esprit de liberté. Depuis votre entrée dans le monde adulte, vous avez désiré rencontrer la personne qui comblerait votre besoin d'aimer et d'être aimé. En quête d'amour, soumis à cette force irrésistible inscrite au cœur de tout homme et de toute femme, vous vous êtes apprivoisés et aimés pour devenir des amants libres. La vérité de votre amour renouvellera sans cesse la liberté qui s'enracine profondément en vous comme un arbre de vie.

Vous avez deux filles magnifiques que vous chérissez. Je serais attristé s'il fallait que, par quelque tragique destin, je ne puisse les voir devenir des femmes épanouies. J'ai appris de maman que Myriam avait beaucoup souffert aux moments des naissances. Je crois que vos filles, Esther et Sarah, ont besoin de vous deux pour s'épanouir. Il ne faudrait pas sacrifier leur bonheur et le vôtre en courant le risque d'un enfantement mortel pour Myriam. Je ne crois pas qu'il faille vous acharner à donner naissance à un fils pour assurer votre vie éternelle comme le veut la Thora. Deux enfants suffisent à faire le bonheur des parents, à moins que votre santé et votre situation soient telles que vous vouliez partager votre joie avec le plus grand nombre possible. Je sais, Éphraïm, que le rabbin te conseillera de prendre une seconde épouse pour te donner un fils. Moi, je te dis que Myriam est l'unique amour de ta vie. Si cet amour venait à s'éteindre, la situation serait différente et je comprendrais. La seule véritable raison du mariage, c'est l'amour. Si l'amour venait à disparaître, votre couple n'aurait plus raison d'exister. Vous connaissant, je n'en ai nulle crainte.

Vous avez découvert que le fait de vous accepter tel que vous êtes est le secret du bonheur. Je me souviens qu'avant votre mariage vous croyiez que votre bonheur venait de l'autre et non de vous-mêmes. Essayer de plaire à l'autre au point de s'oublier, voilà un amour de dépendance qui peut tuer l'amour. Vous avez constaté qu'aimer l'autre comme soi-même était la meilleure façon d'aimer. Si tu ne t'aimes pas, comment pourrais-tu aimer une autre personne? C'est dans cette recherche de la beauté intérieure qu'a débuté le rayonnement de votre couple. Je l'ai vu s'épanouir et, par le témoignage de votre amour réciproque, vous

avez été pour moi un merveilleux signe de l'amour
de Dieu. Je vous remercie de la confiance que vous
m'avez témoignée en m'acceptant parmi vos intimes.

Je souhaite que rien ni personne n'éteigne la
flamme de votre amour qui n'a de cesse de briller pour
les assoiffés d'amour. Cette flamme vient de Dieu, elle
vous appartient et elle vous conduira un jour à la
pleine lumière de l'amour divin.

Jésus le Nazaréen, votre ami

— Chéri, tu devrais me lire plus souvent des
lettres d'amour. Tu en fais si bien la lecture.

— Je t'en prie, c'est sérieux ce que je viens
de lire, c'est sérieux le mariage. Lorsqu'on
a discuté de notre projet de mariage l'été
dernier, nous avons rencontré l'abbé Moreau,
te souviens-tu? On désirait seulement s'informer s'il était possible de se marier dans sa
paroisse et si Sébastien pouvait agir comme
célébrant. Il s'est mis à nous faire la morale,
disant qu'il refusait de marier les couples qui
vivaient en concubinage. Il t'a questionnée,
tu te souviens. Il te demandait ironiquement
pourquoi tu n'étais pas tombée enceinte. Était-
ce parce que tu utilisais des moyens interdits
par la religion catholique? Il nous a même
dit que les cours de préparation au mariage

étaient obligatoires et que cela nous ramènerait dans le droit chemin. On a quitté le presbytère en se disant qu'on ne voulait plus se marier à l'église. L'attitude de ce prêtre n'avait rien pour nous rapprocher de la foi catholique. Je pense même qu'il n'a jamais prononcé le mot amour devant nous. Un frustré, voilà ce qu'il est.

— Oui, je me souviens, une rencontre très pénible à vivre.

— Je ne savais pas que vous désiriez vous marier l'été prochain, dit Sébastien, étonné.

— On voulait t'en parler après ton ordination. Je crois bien qu'il nous faudra encore de la patience.

— Vous oubliez que je suis diacre et que cela signifie que je peux célébrer des mariages, sans Eucharistie, mais c'est valable tout de même.

— Chose certaine, c'est toi qui vas nous marier. J'ai assisté à quelques mariages et les prêtres n'avaient rien de très stimulant. Il y a même un curé qui a senti le besoin de faire la morale à ses ouailles; il a offert les services d'un confesseur à tous ceux et celles qui désiraient communier durant la messe du mariage. Je n'exagère pas, Alexandre, tu t'en souviens comme moi.

— Impossible à oublier!

— Certains prêtres refusent même de célébrer l'Eucharistie durant le mariage sous prétexte que ceux qui y participent ne sont pas tous des repentis. Pour qui se prennent-ils? J'avoue, Sébastien, que je suis impressionnée par l'attitude de Jésus à l'égard de ce couple. Il accepte la vie en couple avant le mariage et même qu'un enfant naisse de cette union. Il est très ouvert d'esprit. Je comprends aisément pourquoi il ne plaisait pas aux prêtres de son temps; Jésus ne plairait pas non plus à certains prêtres catholiques d'aujourd'hui, qui exercent leur autorité sur les couples avec un paternalisme déconcertant.

— Comme vous avez pu le constater, presque toutes les lettres que nous avons lues témoignent de la grande tolérance de Jésus. Cela rend d'autant plus probant le fait suivant. Jésus n'a jamais célébré de mariage, car ce rôle était réservé au rabbin. Les mariages étaient consentis par les deux familles sans qu'elles consultent les futurs époux. Certains mariages avaient pour unique but de perpétuer la famille. Il arrivait que, malgré les contraintes sociales et religieuses strictes, des époux se marient par amour et parfois sans l'accord des parents. Ce dernier cas surtout provoquait les foudres des deux familles qui se sentaient humiliées. Dans la tradition juive, la dot est versée à la famille de l'épouse. Le mari peut considérer que son épouse est littéralement sa

femme dans le sens d'une possession maté-
rielle; il a sur elle un droit de propriété.

– Quel était donc l'idéal du mariage dans
la mentalité juive de cette époque? demande
Sophie, perplexe.

– Pour les contemporains de Jésus, l'idéal
du mariage consiste à se donner une descendance nombreuse et puissante. Les enfants
sont les fruits tangibles de la bénédiction de
Dieu. Pour un croyant juif, ce qui importe, c'est
que lorsque le Messie viendra son nom soit
porté par un descendant mâle issu du peuple
hébreux. En effet, seuls les fils peuvent porter
le nom de leur père. C'est ainsi qu'est née la
tradition religieuse voulant qu'un fils naisse
d'un mariage afin d'assurer l'éternité à tous les
descendants de la famille depuis Abraham.
Malgré cette exigence, la monogamie était
la norme la plus répandue dans la société.
Mais il était permis à l'époux de répudier son
épouse si elle ne lui avait pas donné de
descendance mâle. Dans ce contexte, on
comprend mieux le caractère audacieux de la
lettre que Jésus adresse à ses amis et futurs
mariés.

En prononçant la dernière phrase, Sébastien
se lève et se dirige vers le sofa. Muets, ses deux
amis le suivent du regard. Puis le dominicain
leur dit sur le ton de la confidence :

– Pour continuer à vous démontrer son audace, j'aimerais vous lire la lettre qu'il a écrite à une jeune fille nommée Lydia.

– Qui est Lydia? demande Alexandre.

– Nous avons très peu d'informations sur cette femme. Nous savons qu'elle est la sœur de Jean, le disciple et ami; elle est donc une familière de Jésus. D'après une autre lettre, c'est par Lydia que Marie-Madeleine serait entrée en contact avec la famille de Jean. Ainsi, les deux femmes se connaissaient très bien mais, pour des raisons obscures, la disciple bien-aimée n'a pas élaboré sur ce personnage.

Sébastien se dirige vers la salle de séjour et soudain se retourne vers eux.

– J'aimerais vous faire un petit commentaire. L'intérêt que vous portez à ces lettres me confirme la pertinence de leur publication. J'en suis ravi.

Le silence qui s'ensuit vaut mille mots.

Sébastien retire de sa valise le document recherché et entreprend la lecture de la lettre de Jésus à la dénommée Lydia.

Lettre à Lydia

À toi Lydia, fille de Zébédée et sœur de mon ami Jean, j'écris cette lettre par l'entremise de Marie, ma disciple bien-aimée. Je voudrais que ces mots te soutiennent dans tes décisions. Tu as voulu assumer pleinement ta vie et je t'offre humblement mon oreille attentive.

J'ai été mis dans la confidence, par ton frère Jean, de ta relation secrète avec Ménélik, un habitant noir du royaume d'Aksoum, avec qui tu as eu un fils. Ton père, homme pieux et soumis à la Loi, est entré depuis en grande colère. Aveuglé par les préjugés, il n'avait qu'une idée en tête : tuer ton enfant. Pour lui, cet enfant est le fruit du péché et une honte pour la famille. Il craignait que Dieu ne punisse sa famille et qu'une suite de malheurs ne s'abattent sur sa maison.

À la suite de la demande de ton frère Jean, je suis intervenu auprès de ton père Zébédée pour qu'il n'accomplisse pas sa vengeance. Je sais que tu aurais préféré qu'il te tue plutôt que ton enfant. Cet amour que tu portes à ton enfant, ton père a compris qu'il le portait lui aussi envers toi. Un amour qui est un germe de vie et non une sentence de mort. C'est dans cet amour filial, enfoui au plus profond de lui-même, que ton père a trouvé la force d'accepter ta relation avec un homme qui n'est pas de ta race. Il lui faudra du temps pour panser ses blessures, mais aie confiance.

Si l'on veut que Dieu règne dans notre vie, il faut comparer son amour à la présence d'un enfant. C'est en lui que se trouve le règne de la tendresse, de la fragilité et aussi de l'espérance véritable. Dès sa naissance, ton enfant est sans tache et sans péché. C'est le regard accusateur des autres qui est porteur de péché, car ces personnes ne voient pas l'amour de Dieu présent dans cet enfant. Lydia, en enfantant, tu as donné naissance à Dieu dans cette filiation divine qui fait de chacun de nous des enfants de Dieu. Peu importe sa race, tout enfant est un enfant de Dieu. Il a droit à la vie, au respect, à l'accueil inconditionnel. En grandissant, il découvrira qu'il doit sans cesse choisir entre le bien et le mal. Pour l'instant, regarde-le et contemple le grand mystère d'amour et d'émerveillement qui jaillit de lui.

La pureté originelle de ton enfant doit guider tes pas. Ne te laisse pas détruire par le courroux et la méchanceté de tes accusateurs. Je n'ai pas eu l'occasion de rencontrer ton amoureux Ménélik mais, connaissant la justesse de tes intentions et ta vive intelligence, je suis certain que je l'aurais beaucoup aimé.

Ton fils est né dans la liberté de l'amour consenti de ses parents. Tu devras le guider pour qu'il soit par son rayonnement un symbole vivant de tolérance entre les peuples. De par sa naissance, il témoigne déjà de la victoire de la vie sur la bêtise mortifère du racisme et des préjugés. Qui accueille un enfant pour sa qualité d'enfant accueille Dieu lui-même, et qui le rejette rejette

Dieu lui-même. À travers lui, vous continuerez à vivre, vous ses parents. Depuis sa naissance, la paix et la tendresse habitent votre maison. Un enfant à lui seul peut changer les regards et les cœurs.

Ménélik souffrira peut-être de la relation privilégiée que tu tisses avec ton fils. Il devra comprendre qu'une mère peut à la fois aimer son enfant et chérir son époux. Lydia, tu devras également apprendre à ne jamais posséder ton enfant. Un jour, ses rêves ne seront plus les tiens et sa route ne suivra plus la trajectoire que tu lui avais tracée. Mais où qu'il aille, quelque chemin qu'il prenne, l'amour dont tu l'as nourri ne le quittera jamais.

Je crois comprendre également qu'un projet de mariage est impensable pour vous dans les circonstances. Si un obstacle humain vient entraver vos rêves, sachez que l'amour de Dieu l'éliminera. Cet amour est si puissant qu'il rejoint le cœur des prisonniers enchaînés au plus profond d'une forteresse. Si le rabbin ne peut accepter votre union, sachez que vous vivez sous le regard paternel d'un Dieu qui accueille votre amour comme s'il venait de Lui. Vivez sans honte, vous êtes dans l'amour et non pas dans le péché.

Tu connais l'affection que ton frère Jean te porte. N'hésite pas à lui demander de bénir votre amour. Il saura le célébrer avec vérité et transparence pour votre plus grande joie.

Je partirai bientôt vers un ailleurs que je n'ai pas choisi, mais qui procède du fruit de la liberté qui a été la mienne depuis ma naissance. J'assume mes choix et les risques qu'ils comportent. Je vous embrasse tous les trois, Ménélik, ton fils et toi. Que Dieu vous accorde sa paix aujourd'hui et durant tous les jours de votre vie.

Jésus le Nazaréen

— Mon Dieu, s'il fallait que ma mère lise une telle lettre et que je lui dise qu'elle vient de Jésus, elle serait foudroyée sur-le-champ! Tu sais, Sébastien, combien mes parents ont mal accepté ma relation avec Alexandre. Ils ont soulevé plusieurs fois la question du mariage. Je suis heureuse qu'Alexandre ait toujours pris ma défense et mis les points sur les « i » avec eux. Oui, j'aimerais un jour me marier avec Alexandre, mais seulement quand nous-mêmes l'aurons décidé. Si la religion était aussi respectueuse de la vie privée que l'a été Jésus, il y aurait plus de croyants qui vivraient leur foi par amour et non par obéissance à des préceptes inventés pour leur faire peur.

La colère de Sophie trouve écho chez Alexandre qui hoche la tête en signe d'approbation. Il s'empresse d'ajouter :

— Ta réaction est saine, Sophie, et je l'endosse. Ce qui est dérangeant, c'est la situation que tu vis avec ta mère. Si elle lisait une pareille lettre, sa foi en serait ébranlée. Peut-être même qu'elle aurait aimé penser comme toi. Mais la pression sociale et religieuse de son époque ne l'a pas habituée à s'affirmer. Nous touchons ici au cœur du problème posé par ces lettres. Les autorités ecclésiastiques ne veulent pas troubler la conscience des fidèles. Ils croient que de tels documents nuisent plus qu'ils n'aident à répandre la foi. Je crois qu'en agissant ainsi l'Église sous-estime l'intelligence et la capacité de discernement des croyants. Lorsqu'on développe nos connaissances, notre conscience évolue. Si en tant qu'architecte j'apprenais qu'un matériau utilisé dans la construction est nuisible pour la santé, eh bien, non seulement je n'utiliserais plus ce matériau, mais je ferais tout ce qui est en mon pouvoir pour dénoncer la situation. C'est une question d'intégrité et de respect.

– Par contre, si tu occupais un poste important au gouvernement, reprend Sébastien, et que tu fermais les yeux sur ce problème, on pourrait te croire bon gestionnaire. On tairait l'affaire pour éviter que le gouvernement ne perde la face. Quand les intérêts en jeu sont très grands, le gouvernement ne tient pas à ce que des gens intègres viennent bouleverser ses plans.

Les trois amis marchent avec fébrilité vers la salle de séjour. Soudain, la sonnerie du téléphone. Chacun s'imagine que les autorités religieuses ont découvert leur refuge. Va-t-on répondre? Alexandre s'y résout. On retient son souffle.

Alexandre jette un regard moqueur à Sébastien, paralysé.

– Salut, Jean-Nicolas. Quelle bonne surprise!

Sophie éclate de rire et Sébastien, l'air béat, s'interroge.

– Sophie veut te dire un mot, je te la passe.

Pendant que Sophie parle à son interlocuteur, Alexandre explique à Sébastien qui est Jean-Nicolas.

– Un ami de Sophie. Il est graphiste et peintre. Ils travaillent souvent ensemble dans l'édition. Il est un peu plus vieux que nous, trente-cinq ans environ. Au début, je me questionnais sur cette relation, mais Sophie m'a dit que c'était plutôt moi qui devrais me méfier.

– Comment ça? demande Sébastien.

– Il est gai et elle me taquine en disant que je suis son genre. Il habite tout près, au village de Saint-Armand, avec son copain Julien. C'est un type sympathique et génial dans son travail de graphiste. Intègre aussi. Il est entré comme un rayon de soleil dans notre vie de couple.

– Jean-Nicolas aimerait passer à la maison, lance Sophie, sa main bloquant le récepteur.

Panique de Sébastien, que Sophie calme d'un geste. Elle reprend sa conversation avec Jean-Nicolas.

– Oui, je connais le numéro de téléphone du magasin général, je te rappelle tout de suite. Non, tu ne nous déranges pas. Tu peux même nous être de quelque secours. À tout de suite.

Elle raccroche et rigole devant l'air interrogateur d'Alexandre et de Sébastien.

– Jean-Nicolas est en bas, au village, et il veut avoir des nouvelles. Hier, nous nous sommes parlé au téléphone et je lui ai tout raconté sur l'ordination. Sans te connaître, Sébastien, il s'est dit bouleversé et a offert spontanément son aide. Il peut nous être d'un grand secours. Il est capable de garder un secret. Il ne restera pas longtemps. Cela nous apportera un répit, nous en avons bien besoin.

Alexandre est d'accord avec elle et Sébastien, qui croit au synchronisme des situations, accepte. La visite de Jean-Nicolas a sa raison et il fait confiance à ses amis. Sophie rappelle Jean-Nicolas pour lui dire qu'il est le bienvenu.

Dix minutes plus tard, des phares éclairent le chemin menant à la maison. La soirée n'est pas avancée mais, à l'automne, les journées raccourcissent. Jean-Nicolas cogne à la porte et sans attendre il est déjà dans l'escalier menant au palier de la salle de séjour. C'est un homme mince, grand, aux yeux vifs. Ses cheveux bruns sont courts et il porte une barbe de quelques jours. Vêtu de noir et collier au cou, il s'avance avec élégance et étreint Sophie avec affection. Il fait de même avec Alexandre. Puis, il tend la main à Sébastien.

Rien n'a été camouflé. Sur le sofa, la valise ouverte; sur la table basse, des photographies de manuscrits. La grande table de la salle à manger est encombrée de documents. Jean-Nicolas ne questionne pas. Il voit, il devine et respecte le mystère qui habite les lieux. Dans la cuisine avec eux, il s'informe sans s'attarder aux détails. On le sent heureux d'être là. Puis il touche l'épaule de Sébastien et, simplement, lui dit :

— Quand j'ai appris ce qui t'est arrivé, cela m'a bouleversé. Je ne te connais pas mais, de l'aveu même de nos amis, je sais que tu représentes beaucoup pour eux. Ce qui les afflige m'afflige. C'est cela l'amitié. Je suis croyant et j'ai prié pour toi. J'espérais pouvoir te le dire un jour mais, comme tu vois, j'ai poussé un peu sur le destin. Je ne savais pas que tu étais ici et je trouve que c'est une extraordinaire coïncidence.

Sébastien se sent détendu.

– Je suis de ceux qui croient aux coïncidences heureuses. Il ne faut pas les éviter, bien au contraire. Je crois que l'on devrait t'informer de ce qui se passe. Tu décideras ensuite si tu peux nous aider.

À la table, Jean-Nicolas a pris la place que les trois amis avaient imaginé être celle de Marie-Madeleine. Dans le feu roulant de la conversation, Jean-Nicolas perçoit qu'il a sa place. Le défi de collaborer au rêve du père Fromentin et de Sébastien l'intéresse. « Non, se dit-il, le hasard n'existe pas. » Il s'attarde à scruter les photographies, y admire la calligraphie. Cette découverte le fascine.

Pour l'initier, Sébastien propose la lecture de la lettre de Jésus à son ami Jean. Le nouveau complice n'en demandait pas tant. Au préalable, Sébastien lui explique l'absence du manuscrit original de Marie-Madeleine, qui a dû être retourné à Rome par le père Fromentin.

– Grâce à Marie-Madeleine, nous comprenons mieux la personnalité de l'apôtre Jean. Je vais de mémoire vous résumer ce qu'elle a écrit sur celui avec qui elle partage le titre de disciple bien-aimé. Dans les Évangiles, Jean est surnommé « le disciple que Jésus aimait ». L'Évangile de Jean, en fait un collectif, a été rédigé alors que l'apôtre avait atteint un âge vénérable et il témoigne de sa relation exceptionnelle avec Jésus. Marie-Madeleine avait remarqué ce jeune homme d'une grande beauté, qui sans cesse suivait Jésus. Au début, elle a cru qu'il s'agissait de son frère. En fait, ils se côtoyaient depuis l'enfance. Pour Jean, Jésus était comme un grand frère; pour Jésus, Jean représentait le frère qu'il aurait aimé avoir. Marie-Madeleine enviait leur proximité. Elle aurait aimé, elle aussi, être assise à ses côtés comme le faisait Jean et manger dans le même bol. Elle aurait aimé, elle aussi, se retirer du monde avec lui pour méditer dans le silence. Lydia, la sœur de Jean, fréquentait également les disciples de Jésus. C'est par elle que, graduellement, Marie-Madeleine s'était approchée de Jésus et de Jean. Puis, au fil des jours, comme on file une étoffe de grande valeur, l'amitié s'est resserrée entre les trois disciples et Jésus.

Marie-Madeleine prit conscience que la beauté de Jean était le reflet de sa pureté intérieure. Il portait l'innocence et la grandeur d'âme à la manière d'un prince. La douceur de sa voix se comparait au miel et, en sa présence, Marie-Madeleine se sentait heureuse. Si, un jour, elle avait un fils, il faudrait qu'il lui ressemble et, secrètement, elle espérait connaître cette joie. Lorsque Jésus est mort en croix, ils étaient tous les deux présents, portant des vêtements maculés du sang de l'innocent. La souffrance du crucifié leur avait transpercé le cœur comme une lance. Unis dans cette grande détresse, ils passèrent des heures à pleurer, terrés dans la maison aux portes closes et aux volets barrés. Au matin de Pâques, ils seront là pour voir et toucher celui qui est vivant. Depuis ce moment, raconte Marie-Madeleine, plus jamais la joie ne quitta leur visage.

Il n'en faut pas plus pour susciter l'intérêt pour la lecture de la prochaine lettre dictée par Jésus. Sébastien commence sa lecture.

Lettre à Jean

À toi Jean, fils de Zébédée, fidèle disciple et ami bien-aimé, je m'adresse par l'entremise de notre amie et disciple Marie pour qu'elle mette par écrit ce qui fut pour nous l'histoire d'une sainte amitié. Je t'écris non pas pour un adieu mais pour la continuité d'une amitié qui entre dans l'éternel. Lorsque deux êtres se rencontrent et tissent ensemble les fils d'une si noble amitié, alors le rêve d'une fraternité universelle commence à naître.

Très jeune, j'ai pu constater la grande amitié entre ton père Zébédée et mon père Joseph. Le tien forgeron et le mien charpentier. La complémentarité de leur travail n'avait d'égale que cette joyeuse complicité qui, par-delà la vie, s'est endormie avec eux. Ta mère Rébecca t'emmenait souvent à la maison et maman t'affectionnait comme son fils. Dès l'enfance, ton charme et ta beauté attiraient regards et émerveillements. On ne savait où commençait l'enfant et où finissait l'ange en toi. Tu étais le benjamin de ta famille et tu représentais pour moi le jeune frère que je n'ai pas eu.

Te raconter les choses de la vie a toujours été un immense plaisir pour moi. J'en suis venu un jour à te parler de Dieu. Sais-tu que tu as été mon plus jeune et premier disciple? Au lieu de jouer avec les autres enfants de ton âge, tu prenais plaisir à m'accompagner. Que ce soit pour aller jouer au bord du lac ou dans la montagne, pour traverser une vigne ou escalader un pic désertique, toujours nous trouvions une occasion de partager nos découvertes. Nous étions heureux ensemble, et la qualité de notre présence à l'autre avait quelque chose d'un goût d'éternité.

Allons-nous vieillir ensemble? Tu le devines autant que moi, j'ai le sentiment que notre route commune risque de se séparer. L'étau se resserre sur moi et mes jours semblent comptés. À toi, charmeur que tu es, même tes ennemis sauront faire grâce et peut-être verras-tu tes cheveux devenir blancs. Nous avons grandi ensemble en taille et en sagesse. Dans le silence, notre prière se fondait en une pure méditation. Dieu habitait nos silences. Nos liens d'amitié étaient aussi forts que ceux du sang. Nous avons tous les deux la même origine divine et il en est ainsi pour toutes les personnes. Oui, même des étrangers peuvent être mes frères, mes sœurs, et cela, de nombreuses fois tu me l'as témoigné. Tu m'as montré à quel point l'apprivoisement d'un ami est quelque chose de précieux et, en même temps, d'indéfinissable.

Ma soif des grands mystères de la vie et de l'univers m'attirait et ton écoute attentionnée me permettait d'aller plus loin. Combien de fois nous avons contemplé ensemble la voûte céleste et prolongé nos échanges jusqu'à la levée du jour. Nous reprenions la route sans ressentir la fatigue et notre présence à l'un et à l'autre suffisait à revivifier nos forces. Nous avons ri, pleuré, inventé les projets les plus fous et prié d'un même cœur pour rejoindre en nous cette même source divine qui coulait d'abondance.

Comme l'amour, l'amitié est née du souffle de Dieu. Il y a dans ces sentiments quelque chose de magique. Souvent, sur les routes, les gens nous prenaient pour des frères de sang et cela nous faisait rire. Par moments nous étions si proches que j'avais l'impression que je pouvais fermer les yeux et, aveuglément, avancer sans crainte, sachant que tes yeux grands ouverts me guidaient.

Lorsqu'un jour la fièvre t'a obligé à garder le lit, le temps pour moi s'est arrêté. Je ressentais mon cœur fiévreux et triste. Je suis entré en prière laissant les jours

passer pour n'ouvrir les yeux que lorsque tu m'émer-
veillas d'un sourire comme une levée du jour. Notre
amitié est un présent que nous nous sommes donné,
par choix et en pure gratuité.

S'il m'arrivait le funeste destin d'une mort cruelle,
je voudrais te confier Marie, ma mère. J'aimerais que
tu veilles sur elle comme un fils. Ta consolation sera
ma consolation, ta présence sera ma présence, ton
affection sera mon affection. J'ose croire que même la
mort ne pourra nous séparer et qu'un jour nous
serons debout côte à côte en présence du Très-Haut,
notre Père à tous. Que le Seigneur fasse jaillir sur toi
sa bénédiction et qu'il te garde dans la paix.

Jésus le Nazaréen, ton ami

Sophie est émue de l'affection qui se dégage
des lettres de Jésus.

— Cet homme a la capacité de nommer ses
sentiments. Jésus est devenu le Christ, comme
tu dis, mais sa qualité d'être Dieu passe par sa
qualité d'être homme. D'une manière parfaite,
il incarne sa foi en Dieu de par le regard qu'il
pose sur les gens. Il n'y a chez lui aucune
prétention, il ne dit même pas qu'il détient la
vérité. C'est dommage que la religion ait altéré
la fraîcheur de son message. Sans être miel-
leuse, son approche colle à la réalité et cela me
fait du bien.

Jean-Nicolas exprime ses premières émotions liées au récit des lettres.

– Je ne m'attendais pas à une telle intensité d'émotion. Je me sens un peu voyeur et cela me dérange. Je me demande si j'aimerais ça qu'après ma mort on puisse lire mon courrier, mes lettres d'amour, par exemple.

Sébastien reste songeur et ajoute :

– Je crois que Marie-Madeleine a dû réagir comme toi avant de se décider à transcrire ces lettres. Il ne faut pas oublier qu'elle a vu Jésus et lui a parlé après sa mort, à sa résurrection. Si Dieu a donné la vie à son fils par-delà la mort, Jésus a enseigné à ses disciples qu'ils devaient suivre son exemple pour avoir droit au passage vers l'éternité. « Je suis le chemin, la vérité et la vie », a-t-il déclaré. Pour connaître ce chemin, il faut connaître la route humaine de Jésus, ce qu'il était, ce qu'il aimait, ce qu'il vivait. Nous devons comme lui incarner notre foi dans la réalisation de notre propre existence et ces lettres peuvent nous aider à mieux le connaître.

Alexandre désire prolonger cette réflexion et demande si Jésus a écrit d'autres lettres sur l'amitié. Sébastien lui mentionne la lettre à Barnabé. Non pas celui qui a été le compagnon de saint Paul, mais un autre Barnabé non connu dans les Évangiles.

– Voici ce que nous apprend la bien-aimée disciple sur Barnabé, un autre ami de Jésus. Marie-Madeleine avait vu Jésus s'entretenir avec Barnabé durant les noces de Cana. Myriam et Éphraïm avaient pris en main l'organisation de leur mariage. Jésus leur avait suggéré d'acheter l'agneau de son ami Barnabé. Ce berger n'était pas invité à la noce, mais il était resté dans les environs pour observer la cérémonie. Jésus l'a aperçu et a voulu passer quelques instants avec lui. Marie de Magdala trouva étrange que Jésus soit à l'écart avec un pauvre berger vêtu tel un mendiant. Elle en était gênée. Plus tard, elle a compris. Quelques mois plus tard, Marie-Madeleine allait se retrouver en compagnie de Jésus, assise sur la paille dans la bergerie de Barnabé. Je peux imaginer cette rencontre. Le parfum de Marie-Madeleine ne faisait certes pas bon ménage avec les odeurs des moutons. La paille humide conservait encore les senteurs des dernières naissances et la laine noircie qui tapissait les coins de la bergerie dégageait pleinement les effluves campagnards. C'est plutôt Barnabé qui se sentait gêné par la présence de cette femme dans son refuge. Non pas qu'il avait honte de sa condition, bien au contraire, il était fier d'être berger comme son père. Malgré l'ouverture d'esprit et la bienveillance de Marie-Madeleine, jamais il n'a pu se sentir à l'aise avec cette femme de condition si différente de la sienne. Jésus continua à fréquenter Barnabé, mais sans la présence de Marie-Madeleine. Elle crut qu'il était préférable qu'il en soit ainsi. La lettre que je vais vous lire est comme un merveilleux conte. L'Évangile n'a-t-il pas lui aussi la forme d'un conte?

Sébastien enchaîne sans délai sa lecture.

Lettre à Barnabé

À toi Barnabé, je fais parvenir cette lettre qui a été écrite de la main de Marie, ma bien-aimée disciple. C'est elle qui te la lira et tu la conserveras comme mon testament. Nous avons grandi ensemble, toi gardant le troupeau de moutons que mon père avait reçu en héritage, et moi qui avais trouvé dans ta bergerie le refuge idéal pour abriter mes peines et mes angoisses.

Mon père m'a enseigné qu'il fallait découvrir le trésor enfoui en chaque personne. Toi, tu m'as fait découvrir le tien, il était magnifique. Enfant, j'avais un peu peur de toi parce que tu es borgne. À la synagogue, on m'avait appris que c'était une punition de Dieu. Papa m'avait expliqué que notre famille fréquentait la tienne depuis des générations et qu'il était très fier de la connaître. Il m'a fait comprendre à quel point on colportait des préjugés sur les bergers. Nous les considérions tous comme des voleurs. C'est encore papa qui m'a incité à séjourner à la bergerie. Il me disait que j'y apprendrais plus de choses sur la vie qu'à l'école rabbinique.

Je crois, très cher Barnabé, que je ne pourrai plus aller te voir dans ta merveilleuse bergerie. Tu m'as appris beaucoup de choses tant sur les moutons que sur ta vie de pasteur. J'ai vécu avec toi ces nuits de veille où une brebis malade réclamait tes soins. Souvent, par ta seule présence et ta voix réconfortante, tu la guérissais. Le jour de sabbat, il m'est arrivé de te seconder pour mettre bas une brebis. On se disait que ce n'est pas travailler que d'aider à donner la vie. À la naissance de l'agneau, nous éclations d'un rire complice en nous disant qu'un jour l'animal se retrouverait peut-être sur la table d'un rabbin. Si ce dernier l'apprenait, il en ferait bien une indigestion.

Tu m'as maintes fois montré comment les moutons, les brebis et les agneaux reconnaissaient ta voix. Si un voleur entrait dans la bergerie en pleine nuit, les bêtes t'alertaient. Lorsque tu conduisais ton troupeau vers de plus vastes pâturages, avec quel soin tu te préoccupais des plus fragiles. Ton regard les suivait à distance et, d'instinct, tu savais qu'un danger les guettait. S'il arrivait qu'un agneau naisse pendant ce périple, tu le portais joyeusement sur tes épaules jusqu'au moment où il deviendrait plus agile et plus fort. Barnabé, tes précieux enseignements m'ont permis de te considérer comme mon maître pour tout ce qui concerne les réalités pastorales.

Quand tu me voyais chagriné, tu jetais sur moi un regard affectueux et, avant même de dire un mot, tu déposais dans mes bras l'agneau le plus fragile. Si je me refusais à la confidence, tu attendais avec patience que le jour baisse, puis tu me versais ce vin qui reposait toujours à la même place, sous le foin de la bergerie. Il était si mauvais, ce vin, et pourtant si agréable à boire en ta compagnie. Étourdi par cet élixir, je me laissais aller aux confidences. Le calme du lieu, la beauté de la campagne, les odeurs de la terre et du bétail, tout me réconfortait. À la mort de mon père, c'est là et avec toi que je me suis réfugié avant de partir en voyage.

À ma naissance, papa avait désiré la présence de quelques bergers pour le rassurer et lui venir en aide en cas de besoin. Tu avais assisté à tant de naissances d'agneaux, tu pouvais bien être présent à la mienne. Tu voulais que je sois présent à tes côtés lorsque tu quitterais ce monde. Je crois Barnabé qu'un destin tragique va m'empêcher d'être présent au moment de ce passage qui sera, en fait, une naissance. Je me sens aujourd'hui comme un agneau que l'on va immoler. Si tu apprends que l'on me conduit à la mort, reste dans ta bergerie et berce l'agneau nouveau-né. Je porterai dans mon cœur la chaleur de tes bras et quand je serai entre les ténèbres et la vie, je me *reposerai en toi comme un agneau sacrifié. À toi qui sais si bien contempler les mystères, j'offre mon affection et ma reconnaissance. Merci pour le gîte, merci pour l'amitié. Les rois devraient s'agenouiller quand passe le berger car, en son cœur, il porte l'arche d'alliance du trésor de Dieu. Toi qui es guidé par les étoiles, sache que je serai ton guide au plein midi de ta vie.*

Jésus le Nazaréen, ton ami

– Te souviens-tu, Sophie, de notre voyage en Belgique? Cela faisait deux ans que nous étions ensemble. On a visité la cathédrale de Gand et nos guides ont déployé devant nous le polyptyque de *L'Adoration de l'Agneau mystique* de Van Eyck, cette œuvre du XVe siècle. Nous étions bouche bée et émus devant la magnificence de cette œuvre picturale. On s'est attardés longuement dans un café pour comprendre ce qu'on avait ressenti. On s'est demandé si cela avait été une vision mystique. Cette perception est restée vive en moi pendant des mois.

Sophie s'en souvient et rajoute :

– J'avais même dit que, dans une autre vie, tu avais sûrement été un peintre et moi, ton modèle. Un souvenir exceptionnel! C'est vrai que cette lettre déclenche des émotions similaires.

– Moi aussi, cette lettre me fait revivre quelque chose d'intense, lance timidement Jean-Nicolas.

D'un sourire discret, on l'encourage à plonger dans ses souvenirs et ses émotions.

– Je venais d'avoir trente ans et je m'étais rendu à Lourdes, dans les Hautes-Pyrénées. Tout à coup, parmi les pèlerins, j'ai aperçu un homme vêtu d'une grande cape de laine brune. J'avais l'impression qu'il venait d'une autre époque. Il m'a fasciné tant par son allure générale que par les traits fins de son visage buriné. Il me souriait et nous avons fait connaissance. Il était berger et, tout comme moi, passait quelques jours à Lourdes. Nous sous sommes revus à plusieurs reprises. Avant de partir, il m'a invité à le suivre chez lui dans sa bergerie des Pyrénées. J'ai changé mon itinéraire et je l'ai suivi. J'y suis resté trois semaines. Lors de ce séjour, il arrivait que nous nous déplacions pendant plusieurs jours et que nous dormions à la belle étoile. Il m'avait prêté une lourde couverture de laine qui puait. Quel bonheur! J'ai vécu avec lui des moments fascinants. Je liais cette rencontre à un moment de grâce qui m'était accordé, à la suite de mes prières à Lourdes. Avec le temps, j'ai décanté tout cela.

Le berger s'appelait Xavier. Ce que j'ai vécu avec lui a eu l'effet d'une véritable révélation. Son dépouillement et sa simplicité m'ont interpellé jusqu'aux sources de mon existence. Une authentique thérapie! Le mode de vie de Xavier devait ressembler à celui du berger du temps de Jésus. Je comprends mieux maintenant pourquoi Jésus a utilisé si souvent l'allégorie du pasteur.

Sébastien enchaîne :

– Chez les Hébreux, la tradition s'enracine dans la longue expérience d'un peuple de nomades. Les troupeaux ont partagé la vie quotidienne des Araméens. La métaphore du berger a donc des racines profondes; Jésus l'a utilisée souvent et son amitié pour Barnabé y trouve peut-être sa justification. Cette métaphores contient cependant un paradoxe. Le pasteur doit être fort pour protéger son troupeau contre les ennemis; par contre, il doit apprivoiser chacune de ses brebis avec la tendresse d'une mère. Ce qui est commun dans les deux attitudes du berger, c'est l'amour qu'il porte à ses brebis. On sait que l'amour d'une mère ou d'un père pour son enfant peut engendrer une force surhumaine si celui-ci est en danger. Ce même amour permet des gestes de douceur et d'affection. L'expérience pastorale de Jésus a traversé les siècles. Pour en comprendre la portée, il faut se rasseoir sur la paille de la bergerie, en humer les odeurs et se laisser imprégner du passage du temps. En utilisant la métaphore du pasteur, du berger et de sa bergerie, Jésus a intégré à son enseignement l'expérience qu'il a vécue dans le monde pastoral. Aujourd'hui encore, on utilise souvent l'imagerie pastorale dans l'Église, mais on semble parfois ignorer les origines profondes qui habitent cette réalité. Il faut éviter que cette symbolique ne devienne vide de sens.

Jean-Nicolas avait intrigué Sébastien tant à cause de son expérience comme berger que de son voyage à Lourdes. Il voulait en savoir davantage.

– Il faut être un croyant convaincu pour se rendre à Lourdes. Qu'en penses-tu, Jean-Nicolas? Suis-je indiscret en te demandant si tu y allais en pèlerin ou en touriste?

– Les deux! Je me considère croyant mais non pratiquant, surtout à cause de la position de l'Église catholique à l'égard des homosexuels. Je ne sais pas si on te l'a dit, mais je suis gai. Quand je suis allé à Lourdes, j'avais un bon copain, Matthieu, qui luttait contre le virus du sida. Il y a cinq ans, je sentais que sa fin approchait et j'ai tout fait pour qu'il vive. En dernier recours, j'ai décidé de faire ce pèlerinage à Lourdes, en me disant que si la Vierge Marie avait déjà fait des miracles, elle pourrait en faire un autre. Peut-être que je n'y ai pas assez cru, car Matthieu est décédé. Mais peu importe! Ce voyage, je l'ai fait pour lui, par amour. C'est pourquoi ma rencontre avec Xavier m'a procuré une si grande paix. Ce que je n'ai pu trouver dans ce que j'appelle le cirque de Lourdes. Le plus grand miracle de Lourdes, c'est que les gens qui sortent de la piscine ne sont pas plus malades après qu'avant. Tu imagines le nombre de virus qui doivent flotter dans l'eau? Toi qui es religieux, y crois-tu au miracle?

– C'est une question piège, surtout pour un dominicain. Le miracle est un geste de foi qui nous dépasse et qu'il faut aussi respecter. La foi populaire a besoin d'un lieu d'ancrage où elle enracine son expérience de croyant. Le miracle, c'est de garder la foi malgré nos doutes.

– Et que fais-tu de l'exploitation des malades? ajoute Sophie. Le miracle, c'est de ne pas perdre la foi en Dieu devant une approche magique de la religion. C'est inouï, tout ce qu'on peut vendre à ces pauvres pèlerins!

Jean-Nicolas reprend :

– Devant la souffrance, il nous arrive d'être si perdu que la moindre lueur de guérison nous redonne espoir. Je suis d'accord pour qu'on chasse les vendeurs du temple qui exploitent la naïveté des gens, mais je comprends aussi Sébastien lorsqu'il parle d'un lieu concret pour vivre sa foi. Mon séjour à la montagne m'a ainsi réconcilié avec la maladie. De retour à Montréal, je me suis senti plus fort pour accompagner mon copain dans la mort. Mais je dois vous avouer un secret. J'avais tout de même apporté une bouteille d'eau miraculeuse sur laquelle était incrusté un portrait de la Vierge. J'en ai fait boire à Matthieu et j'ai vidé le reste dans l'eau de son bain. Ce que l'on peut faire lorsqu'on est désespéré!

Sébastien se lève de table, s'approche de Jean-Nicolas et lui touche l'épaule :

— Je ne veux pas faire de comparaison entre deux réalités, mais j'aimerais te faire la lecture d'une lettre que Jésus a écrite pour son ami Nathan. Elle va t'intéresser, je crois.

Surpris, Jean-Nicolas suit du regard Sébastien qui se dirige vers sa valise et en sort l'enveloppe contenant la traduction de cette lettre. Il apporte en plus la grande enveloppe contenant la photographie du manuscrit et il la décachette en premier. Il dépose la photo devant Jean-Nicolas, puis se rassoit afin de lire la traduction.

— Qui est ce Nathan? demande Sophie.

— Un ami de Jésus, je ne vous en dis pas plus. Écoutez.

Lettre à Nathan

À toi Nathan, fils du rabbin Mattathias, né à Nazareth, j'écris cette lettre par l'entremise de Marie, ma disciple bien-aimée, que tu connais bien. Lorsqu'elle te visitera, accueille-la comme si c'était moi qui te visitais et elle te lira cette lettre que tu conserveras comme un viatique pour ton voyage terrestre.

Je t'ai vu jouer et grandir avec les enfants de Nazareth. Tu poussais toujours plus loin l'audace dans ta quête d'expériences nouvelles. Le danger te fascinait et tu osais t'attaquer à des interdits. Ainsi, jeune adolescent, il t'arrivait de partir à l'aventure avec une caravane de passage. Tu revenais quelques semaines plus tard avec une autre, au grand soulagement de tes parents. Je sais que souvent ton père te punissait. Homme pieux et sévère, il croyait aux enseignements qu'il avait reçus et, comme rabbin, il ne pouvait d'aucune manière déroger à la Loi. Pour ton père, un fils doit grandir dans la soumission et le respect de ses parents.

Quand tu entrais dans l'atelier de mon père Joseph, il se méfiait. Ta curiosité insatiable te faisait poser toutes sortes de questions et tu touchais à tout. La relation entre mon père et toi était parfois orageuse. Ta présence seule lui rappelait qu'il valait mieux se tenir à distance de ta famille. Son havre de paix était comme envahi et, du regard, il me commandait de t'amener ailleurs. Nos escapades m'ont permis de connaître un Nathan secret. Tu aimais toucher à ce qui était étranger. Tu aimais apprivoiser ce qui était sauvage. Tu avais un goût de vivre qui me stimulait. Tes critiques des pharisiens trouvaient chez moi un accueil favorable.

Puis, un jour, tu as mystérieusement disparu de Nazareth. Dans ma famille, nous te croyions mort, tandis que ton père s'enfermait dans le mutisme et la dureté. Ma mère voyait la tienne venir chercher au puits l'eau du quotidien, voilée dans ses vêtements de deuil. On sentait sa souffrance silencieuse.

Tu te souviens de nos retrouvailles ! Un soir de pleine lune, nous avions fait un feu, mes disciples et moi, à la sortie de Capharnaüm. Nous partagions un peu de poisson grillé. Soudain, la main ficelée de bandelettes crasseuses d'un homme, caché sous un figuier, se tendit vers nous. C'était la tienne, mais je ne le savais pas encore. Tes haillons ne te donnaient pas d'âge. Tu semblais voûté, écrasé par une fatalité. Tu étais l'ombre de toi-même et la pâleur de la nuit aveuglait ton visage. Et puis tes yeux brillants ont visité mon cœur et des larmes ont brouillé mes yeux. J'étais bouleversé. Un seul mot a surgi : « Nathan ! Nathan ! » Debout et te serrant contre moi, malgré la puanteur de ton corps, je ne cessais de répéter ton nom. Dans ma souffrance, je sentis la tienne, elle avait détruit ton corps de jeunesse. Tes pieds étaient déchi-quetés et ton corps plein de plaies, tu étais devenu lépreux et je t'aimais profondément.

Je me suis assis près toi, tu as mis ta tête sur ma poitrine et j'ai longuement pleuré dans la nuit silencieuse, refaisant avec toi, à l'envers, le voyage de ce que fut ton enfer. Rejeté par les tiens, maudit d'avoir apporté le péché dans ta famille si religieuse, ton père te chassa comme un chien, avec ce mépris qui juge et condamne. Moi je te dis Nathan, par Dieu Tout-Puissant, tu es signe de sa sainteté. On peut tuer le corps mais non l'esprit. Je priai pour te guérir et te redonner ta jeunesse. Ma prière sembla stérile, nul n'est prophète en son pays. Ce que j'ai voulu pour toi, c'est te redonner ta dignité d'homme et te faire naître à nouveau à la liberté de ton enfance. Tu es prisonnier de ton corps souffrant, mais sache que la liberté vient du dedans. Par ta présence au monde, tu témoignes que Dieu est amour et sans jugement. Dieu souffre lui aussi à travers toi. Tu es son enfant bien-aimé. Un père peut détourner son regard de son fils mais Dieu, lui, jamais ne le fera. Découvre Dieu autant dans le regard que je porte sur toi que dans celui que tu portes sur les autres. Le mépris que l'on porte en raison de préjugés est pire que la lèpre.

La lèpre n'est pas une punition de Dieu. C'est une souffrance qui nous éclaire sur notre propre existence, car qui peut se croire pur et en santé spirituelle? Qui peut lancer la première pierre? Nathan tu es la pierre angulaire d'où surgit un monde de tolérance et d'amour. Tu es l'exclu qui ouvre les prisons de la bêtise et des préjugés. Celui qui te touche et t'embrasse est guéri de l'aveuglement qui l'empêchait de donner *son affection aux plus souffrants de ce monde. C'est toi Nathan qui peux accomplir des miracles pour celui qui se sent incapable de franchir ses peurs. C'est toi Nathan qui franchiras le rideau du Temple et entreras dans le Saint des Saints. C'est alors que ce rideau qui voilait le lieu de la présence de Dieu se déchirera devant les prêtres et qu'ils verront enfin où est le véritable lieu de Dieu. C'est en toi, c'est en nous que se trouve le lieu de Dieu, pas ailleurs.*

Nathan, je t'embrasse et je te bénis comme un frère aimant. Ne laisse à personne le droit de te ravir ta beauté intérieure qui déjà, ici et maintenant, a les traits du visage de Dieu.

Jésus le Nazaréen

En terminant sa lecture, Sébastien ajoute les commentaires de Marie-Madeleine. Ses compagnons restent attentifs au périple historique qu'il leur fait parcourir.

– La Magdaléenne a de mémoire transcrit un récit très émouvant concernant Nathan. Je vous le résume. Marie-Madeleine avait mal compris le sens de l'affection que Jésus donnait à Nathan. Elle avait connu Nathan lépreux et n'avait aucune idée de sa beauté intérieure. Par sa beauté et son charme, elle incarnait le contraire ce que pouvait représenter Nathan. Elle craignait la lèpre et Nathan lui répugnait. L'idée même de la laideur et de la puanteur du corps qui se décompose la troublait au point qu'elle se sentait malade dans la seule perspective de rencontrer Nathan. Sur la route, elle l'évitait de peur qu'il ne puisse la reconnaître et se montrer familier. Elle en venait à souhaiter qu'il n'ait jamais existé. Puis un jour, raconte-t-elle, assise au bord du puits dans la ville de Naïm, elle fut violemment frappée par une pierre. Elle tomba à la renverse et se cogna la tête sur le bord du puits. Lorsqu'elle revint à elle, elle sentit de l'eau fraîche couler sur sa tempe. Sa tête reposait sur les genoux de quelqu'un. La place, habituellement achalandée en cette heure de la journée, était vide. Un silence paisible et réconfortant l'enveloppait. Puis elle leva les yeux vers le ciel de midi, la lumière l'aveugla un instant et, soudain, un visage se dessina audessus d'elle : c'était Nathan. Il lui sourit de ses yeux de tendresse. Son visage n'avait pas l'apparence d'un lépreux, l'ombre et la lumière avaient cicatrisé ses blessures, il était radieux comme un ange, lui sembla-t-il, et elle fondit en larmes. Elle pleurait sur elle-même et se sentait inconsolable. Malgré les railleries et les insultes des gens, Nathan avait, en plein jour, osé venir au secours de la bien-aimée de son ami. Ceux qui lui avaient lancé des pierres devaient se dire, en voyant Nathan à ses côtés, que Marie-Madeleine subirait une punition encore pire que la mort : la lèpre. Marie devint paisible et elle aima son protecteur sans le juger. Le visage dévoilé de Marie s'illumina d'un sourire et Nathan en fut comblé. Marie-Madeleine comprenait enfin qu'il y a pire que d'être ostracisé, pire que la pierre lancée. Le pire, ce sont les préjugés qui dévorent le cœur comme la lèpre le fait pour le corps. Nathan lui tendit avec gêne le morceau déchiré de son voile blanc. Pour la soigner, il n'avait pas voulu laver sa plaie avec le tissu de son vêtement sale. Il avait plutôt déchiré un bout du voile de Marie-Madeleine. Nathan voulut prendre congé d'elle. Avec douceur, elle l'a retenu par la main et a embrassé son visage. Il tremblait et elle aussi. Ils traversèrent la place main dans la main. Quoique la place fût vide, il y avait des regards scandalisés dans l'ombre des fenêtres closes.

Jean-Nicolas était bouleversé par la lettre et les éclaircissements de Sébastien. Il essuya quelques larmes. En lui se bousculaient la peine et l'amère révolte. Il s'était levé, fixant l'extérieur par le miroir de la fenêtre. Alexandre ravivait le feu dans la cheminée et Sophie s'était approchée de Jean-Nicolas. Leurs visages se reflétaient dans la large fenêtre. Elle lui communiquait son empathie. Puis, elle l'entoura de ses bras chargés d'amitié. Sébastien avait les yeux rivés sur le manuscrit. Deux mille ans plus tard, ce texte avait encore toute sa pertinence, il parlait de l'acuité de la douleur avec une extrême sensibilité. Un certain temps s'écoula sans que personne le mesure. Savoir faire silence est l'une des qualités de la compassion.

Jean-Nicolas fut le premier à le rompre pour s'adresser à Sébastien :

– Je suis heureux que tu aies lu cette lettre. Je ne pleure pas seulement sur le passé, mais sur le présent. Il y a tant à faire pour combattre les préjugés qui écrasent ceux et celles qui vivent différemment des autres. Il arrive que, devant l'incompréhension et le rejet, plusieurs songent au suicide. J'ai des amis sidéens qui ont préféré la mort assistée plutôt que de se voir anéantir par la maladie; par contre, d'autres ont fait cette traversée du désert jusqu'au bout. J'ai l'impression de parler comme un prêtre, mais c'est un vrai désert que les sidéens traversent. Isolés et abandonnés des leurs, ils se retrouvent souvent complètement désespérés. Il faut faire quelque chose pour eux.

– Tu as tout à fait raison, lui répond Sébastien. La réflexion catholique doit réviser ses positions sur ce problème, comme la plupart des religions d'ailleurs. Tu as mentionné que certains envisageaient le suicide comme solution. Je vais peut-être vous surprendre, mais Jésus a déjà écrit sur ce sujet.

Sophie est sidérée :

– Jésus a vraiment écrit une lettre sur le suicide? Ouf! avant de passer à un sujet aussi sérieux, je suggère que l'on refasse nos forces. J'ai apporté le gâteau chocolat et noisettes dont raffole Sébastien. Qui en veut?

– Moi, je prépare le café, renchérit Alexandre. Il faut rester éveillé, j'ai l'impression que la soirée commence à peine.

Sébastien en profite pour s'entretenir avec Jean-Nicolas pendant que Sophie et Alexandre s'affairent à la cuisine.

Depuis la cuisine, Alexandre lance :

– Si vous attisiez le feu dans le foyer!

– Bonne idée! dit Sophie. On va s'installer au salon pour la collation.

Ils se régalent du bon gâteau et Sébastien, comme d'habitude, en redemande.

– Un si bon gâteau, c'est presque une preuve de l'existence de Dieu! proclame Sébastien, déclenchant les rires de ses amis.

Sophie se penche vers Alexandre, devenu soudain tristounet. Il brassait le feu qui crépitait et il semblait envahi de réminiscences. En prenant l'initiative d'une collation, Sophie avait voulu détendre l'atmosphère. Elle appréhendait la prochaine lecture, qui serait peut-être une épreuve pénible pour son amoureux. Elle s'avance et dit :

– Alexandre, on devrait lire la prochaine lettre en pensant à tes parents.

Alexandre avait un frère, Jérôme, qui s'est suicidé. Ses parents ne s'étaient jamais remis de ce drame qui datait maintenant de quinze ans. La culpabilité les habitait depuis. Ils étaient allés en thérapie afin de tenter de comprendre pourquoi ils n'avaient pu empêcher le geste de leur fils, geste dans lequel ils croyaient avoir une certaine responsabilité. Alexandre, lui aussi, avait vécu difficilement cette tragédie, d'autant plus qu'il voyageait à ce moment-là à l'étranger. Il voulait connaître l'Asie et séjournait au Népal. Les deux frères étaient très différents et avaient des relations cordiales mais distantes. Après le suicide de Jérôme, lui aussi se reprochait son comportement en se demandant si une plus grande compréhension de sa part n'aurait pas changé le cours des événements. Alexandre revient vers la table, le visage crispé, durci par une vive blessure qu'il croyait définitivement enfouie. Son amitié pour Sébastien avait suppléé à l'absence de son frère.

Sébastien ne pensait pas rouvrir cette ancienne plaie et se sentait embarrassé face à son ami. Il sent l'obligation d'intervenir.

– Nous ne sommes pas obligés de lire toutes les lettres. Sois à l'aise, Alexandre, c'est toi qui décides. Je suis désolé mais, dans le feu de l'action, j'avais oublié pour ton frère Jérôme.

Alexandre réfléchit, puis :

– Je crois que, si on veut connaître à fond la philosophie de Jésus face aux souffrances humaines, il faut poursuivre. Le suicide est une terrible souffrance. Je ne veux pas faire l'autruche toute ma vie. C'est une occasion inespérée de réfléchir sur ma douleur. Surtout, Sébastien, ne t'en fais pas pour moi, tu me rends ce soir un fier service. Jésus n'a-t-il pas dit qu'il n'est pas venu apporter la paix mais la vérité?

– Quelque chose comme cela, lui réplique Sébastien. En fait, il a dit : « Je ne suis pas venu apporter la paix mais le glaive. » Et il a dit aussi : « Je suis le chemin, la vérité et la vie. » Ce qui est surprenant c'est que, sans connaître les desseins de l'apôtre Judas qui s'est suicidé, tu as utilisé l'une des expressions que celui-ci aimait le plus de Jésus : « Je ne suis pas venu apporter la paix mais le glaive. » Ce que Judas désirait avant toute chose, c'était la libération d'Israël. Les Romains s'étaient installés au Moyen-Orient. Une minorité riche domine et vit dans le faste, c'est l'aristocratie sacerdotale juive. Pour que leur pouvoir et leur puissance survivent sous l'occupation romaine, ils collaborent avec l'occupant. Il y a des Juifs «zélés» qui se refusent à cette soumission et qui prônent une révolution pour chasser les Romains du territoire d'Israël; on les appelle les «Zélotes». Judas fait partie de ce groupe de révolutionnaires, prêts à mourir pour la libération du peuple juif.

Surpris d'être déjà dans le vif du sujet, Sébastien se sent mal à l'aise.

— Si vous voulez que je continue, nous devrions nous asseoir autour de la table. Nous y serons plus à l'aise.

Chacun reprend sa place, sauf Sophie qui a déplacé sa chaise à proximité de celle d'Alexandre. Jean-Nicolas a la mine sombre, Alexandre lui fait un sourire compatissant. Le signal de la poursuite de la lecture est transmis, Sébastien peut continuer.

— Par son manuscrit, Marie-Madeleine nous aide à comprendre le contexte historique de la trahison de Judas. On peut imaginer l'antipathie naturelle que Judas porte à Marie-Madeleine. Elle est riche et fréquente la cour du roi Hérode, considéré comme l'ennemi des Juifs. Elle aime se vêtir de tissus fins et porte des bijoux précieux. Judas est un volontariste pur. Il veut que l'argent soit dépensé pour les choses essentielles. Il lui manque le discernement entre ce qui est juste et ce qui est équitable. Partager d'une manière équitable, c'est comprendre que les besoins des uns sont distincts de ceux des autres. Marie-Madeleine aura avec lui des prises de bec mémorables. Jésus se sentait parfois coincé entre eux. Il doit souvent demander l'intervention de Simon-Pierre pour trancher le litige. La plupart du temps, le litige concerne l'argent. Judas accepte difficilement ses origines modestes et il blâme les riches des malheurs qui lui arrivent.

« Cette ambiguïté conduira Judas à la mort lorsqu'il se décide à trahir Jésus pour de l'argent. Son désespoir est grand et sa pendaison en témoigne. Il avait cru que Jésus serait le roi d'Israël, le libérateur politique et religieux. Pour lui, le charisme de Jésus était si fort qu'il aurait pu facilement soulever le peuple et faire une révolution libératrice. Une révolution eut effectivement lieu environ trente-cinq ans plus tard, les Romains l'écrasèrent et ils détruisirent le Temple de Jérusalem. Tous les droits des Juifs furent abolis. Il faudra attendre la fondation de l'État d'Israël, en 1948, pour que leurs droits soient reconnus.

« Si je me fie toujours au récit de Marie-Madeleine, celle-ci éprouvait secrètement une grande affection pour Judas. Elle avait eu de la difficulté à comprendre le choix de Jésus lorsqu'il avait accepté Judas comme disciple. Ce personnage représentait une énigme pour elle. Régulièrement, elle s'est mise à fréquenter Sarah, sa mère. Des liens se sont tissés entre elles. Un jour, Sarah et son époux, Philippe, l'ont invitée à venir célébrer la fête des Tentes. C'est l'une des trois fêtes importantes du peuple hébreux. Elle se déroule à l'automne, pour fêter les récoltes, une fête d'action de grâce en quelque sorte. Marie-Madeleine raconte que, ce jour-là, elle a dansé et fêté avec les membres de la famille de Judas. Ce dernier était présent et il a été bouleversé par le charme et la beauté de cette femme de Magdala. Lui, considéré comme un misogyne, avait peut-être compris qu'au cœur de la fête se trouve la réconciliation. Il l'avait regardée avec les yeux du cœur. Le batailleur, le guerrier, le soldat invulnérable qu'il voulait être, avait peut-être en ce jour de fête ouvert une brèche pour découvrir la tendresse. Sa mort, aussi violente qu'imprévisible, a levé le voile sur la grande fragilité qui se cachait derrière le personnage. Marie-Madeleine avait alors probablement compris le choix de Jésus et l'attachement qu'il portait à la famille de Judas. Elle le pleura comme un frère et ne cessa de fréquenter Sarah et Philippe. C'est Marie-Madeleine qui leur livra ce message de Jésus.

Lettre à Sarah et Philippe

Moi Jésus, qui suis en prison maintenant, je vous écris, Sarah et Philippe, grâce à la présence affectueuse et fidèle de ma disciple Marie que vous connaissez bien. Ma bien-aimée a réussi à convaincre les autorités judiciaires de passer quelques moments avec moi. Je suis encore bouleversé par la nouvelle m'annonçant la mort tragique de mon disciple Judas. Sa mort m'afflige profondément. Vous devinez que sa trahison m'a transpercé le cœur comme un glaive. La culpabilité ressentie par son geste a dû le faire souffrir tout autant que moi. À l'approche de ma condamnation, j'ai beaucoup réfléchi sur le sens de l'affection qu'il m'avait toujours témoignée et je me suis demandé comment elle avait pu se changer en haine. Pourquoi m'a-t-il trahi ? Je ne saurais le dire, mais ce qui m'attriste est le profond désespoir dans lequel il a basculé.

Judas a assisté, impuissant, à l'effondrement de tous ses rêves. Il a chuté dans une fosse dont seule la mort pouvait être l'issue. Devenu la propre victime de ses actes, torturé par la culpabilité, il s'est lui-même pris au piège de l'exigence surhumaine. Il aurait pu simplement accepter d'être un homme faible et blessé par la vie. Sa force, votre fils l'a utilisée pour tendre la corde qui allait faire basculer son destin. Ce dernier geste lui appartient, c'était sa solution à lui. J'imagine que cette nouvelle vous a effondrés. Vous le saviez entier dans ses idées et ses engagements. Cela ne vous a pas étonnés qu'il joigne les rangs des Zélotes. Il croyait que nous devions nous libérer de l'emprise des Romains et lutter avec violence contre l'ennemi. Mais jamais il n'a pensé qu'il devrait aussi affronter l'ennemi qui sommeillait en lui. Sournoisement, le mal a fait son œuvre. Judas se voulait intègre, et il l'était. Il se voulait exigeant plus encore pour lui-même que pour les autres. Il avait soif d'absolu et de justice et croyait que cet idéal était incarné en ma personne.

Plus jeunes, nous avons souvent partagé les mêmes idées. Mais votre fils voyait en moi celui qui allait libérer Israël. Je connaissais l'intégrité de ses convictions. Quand le gouverneur romain avait confisqué vos récoltes pour nourrir ses soldats, il avait été révolté que toi Philippe, son père, doives devenir un salarié parce que ruiné. Judas aurait aimé être riche pour que vous ne connaissiez point la misère. Vous savez comme moi qu'il avait de la difficulté avec tout ce qui était lié à l'argent. Pourtant, il était honnête et savait administrer tout en conservant une grande méfiance. L'argent était pour lui une cause d'injustice. Il croyait avec conviction qu'il ne devrait y avoir ni riches ni possédants en ce monde. Il défendait la mise en commun de tous les biens et le partage juste. Judas était un assoiffé de justice et de liberté.

Lorsque j'ai fait la multiplication des pains, devant le grand rassemblement de cinq mille hommes, il est venu me voir pour me dire sa joie d'avoir assisté à ce grand miracle du partage. Il exultait de voir ceux qui avaient de la nourriture venir l'offrir à ceux qui n'en avaient pas. Il s'inquiétait des corbeilles de nourriture qui restaient, craignant qu'elles ne soient pas redistribuées aux démunis. Pour Judas, la solidarité était le plus beau des miracles. Le seul reproche qu'il m'ait adressé, c'est de ne pas avoir profité de la circonstance pour enrôler tous hommes dans la cause de la libération d'Israël.

Je sais qu'il espérait beaucoup de mon entrée à Jérusalem. Il savait que la foule m'adulerait et que je n'avais qu'un geste à faire pour l'entraîner à ma suite dans un mouvement de révolte et de libération contre les Romains. Je ne l'ai pas fait, je ne l'ai pas voulu. J'ai préféré me retirer avec mes disciples et mes amis, dont il faisait partie, pour célébrer le repas de l'adieu. Je savais qu'on allait me tendre un piège et je le lui ai dit. J'ignorais alors qu'il en serait l'artisan. En me livrant à mes juges, il entraînait ainsi sa propre mort. Il a voulu tuer ses rêves et il savait qu'il ne pourrait survivre à une telle déception. Son combat pour la justice, il l'a livré tout au long de sa vie. Je l'ai vu souvent rompre le pain avec des indigents. Je l'ai surpris sur la route de Samarie déchirant une partie de son vêtement pour panser les plaies suppurantes d'un lépreux. Il a géré la bourse commune avec rigueur mais aussi avec efficacité, car il avait horreur des dépenses inutiles. Marie, qui transcrit cette lettre *pour moi, a été souvent la victime de ses sarcasmes quand elle s'achetait un tissu fin ou une parure délicate.*

Il trouvait les femmes frivoles et peu enclines à la pauvreté. Homme exigeant, il n'avait pas particulièrement le don de se faire des amis. Il vivait l'utopie comme une réalité. Si je vous raconte tous ces événements, vous qui êtes ses parents, c'est pour vous dire à quel point Judas méritait votre amour. Sa façon de mourir est son choix, non le vôtre. Les gens pourront le juger et le condamner, mais c'est à lui et à lui seul de répondre de ses actes. Malgré la souffrance qui vous accable, pour qu'il ne meure pas à jamais, votre amour lui est vital comme au moment de sa naissance. Je lui ai pardonné parce que je connais son cœur et, en cela, il ne m'a pas trahi. Je l'ai déçu dans ses rêves et il a voulu m'entraîner avec lui dans sa chute.

Sarah et Philippe, continuez d'aimer en lui le fils qu'il a toujours été. Personne ne peut connaître l'intensité de son désespoir et la violence de sa souffrance. Homme de droiture et de raison, sa folie a fauché sa vie. Il y a pire que la folie qui tue le corps, il y a celle qui tue l'esprit. Pardonnez-lui le mal qu'il vous a fait par sa mort et par son geste de désespérance. Moi qui souffre, je vous le dis : ce sont les gestes d'amour qu'il a accomplis durant sa vie que je retiendrai de lui. De cela je pourrai témoigner en sa faveur. Cruel destin qui m'empêche de vous serrer dans mes bras et de vous dire toute l'affection que je vous

porte. Votre fils a toujours été fier de vous, même si,
bien souvent, il ne trouvait pas les mots pour le dire.
Par-delà la mort, je souhaite et j'espère qu'il soit votre
consolation. Moi aussi, je devrai affronter la mort et
cela m'angoisse. Ne m'abandonnez pas à ce moment
où je devrai traverser les ténèbres. Je ne serai point
seul, je mets ma confiance en Celui qui tel un père
souffre à mes côtés et je sens qu'il me conduit vers la
lumineuse vérité. Cette liberté, quoiqu'elle passe par
la souffrance du corps, est l'unique liberté. Si je subis
la violence, c'est pour l'anéantir, si la haine me trans-
perce, c'est pour que jaillisse l'amour.

Je demande à Dieu de vous bénir et que la paix
soit votre demeure.

Jésus le Nazaréen

Alexandre prend la parole comme on lance un cri.

– Les voies de Dieu sont surprenantes. Je trouve incroyable qu'une telle lettre ait été écrite. Non seulement en raison de son contenu, que je trouve admirable, mais pour sa pertinence concernant la mort de Jérôme. Tu avais peut-être oublié, Sébastien, mais mon frère était militaire. Il voulait faire une carrière dans l'armée et c'est à la base militaire de Valcartier qu'il s'est pendu. Mon père avait tout fait pour le dissuader de cette carrière. Bien au contraire, cette opposition l'a stimulé. Il voulait être soldat pour amener la paix dans le monde. Mon frère était un idéaliste et un pacifiste. Par contre, en lui, il y avait toujours comme une violence, une insoumission profonde qui le faisait combattre constamment pour différentes causes. Il niait en lui sa sensibilité. Il croyait fermement qu'un homme ne pleure pas, qu'on doit se battre pour réussir et qu'il faut mater les faibles pour les rendre forts. Je suis convaincu qu'il aurait été lui aussi un Zélote aux côtés de Jésus. Mais je ne crois pas qu'il l'aurait trahi.

– Peut-être que, comme Judas, ton frère s'est senti lui aussi trahi par l'armée, lui dit Sébastien. Son rêve d'un monde de paix a pu se heurter à la cruelle stratégie des seigneurs de la guerre. Jérôme pensait comme cet adage romain qui dit « *Si vis pacem, para bellum* », « Si tu veux la paix, prépare la guerre ». Avec une telle idéologie, ils ne peuvent que provoquer l'escalade de la guerre et la course aux armements. On utilise des armes de plus en plus destructrices pour dominer les peuples. Car il n'y a pas de guerre propre, c'est sale la guerre. Renoncer à la carrière militaire, c'était comme trahir son rêve de justice et de paix.

– Le karma de ton frère était peut-être de mourir jeune, ajoute Sophie. Il devait souffrir intérieurement et il s'était fait une armure. Personne ne pouvait l'atteindre dans son refuge. Je ne l'ai pas connu, mais à travers toi nous pourrions continuer à l'aimer. Lui faire une place dans nos souvenirs et non faire semblant qu'il n'a jamais existé, comme nous le faisons depuis que je te connais. Jérome a fini de souffrir. Pourquoi nous, continuerions-nous à souffrir? Il est toujours vivant, mais dans un ailleurs où il n'a plus besoin de faire la guerre ni à lui-même ni aux autres.

Sophie fixe Alexandre de ses yeux tristes et lumineux. Ses mains lui massent délicatement les cheveux. Par respect et par gêne, Jean-Nicolas et Sébastien se lèvent de table et s'approchent de la flamme du foyer, leur tournant le dos pour les laisser à leur intimité.

La voix joyeuse de Sophie ramène la conversation.

– Alors les copains, avant de continuer ce voyage avec Marie-Madeleine, que diriez-vous d'une petite marche dans le sentier qui longe la rivière?

La soirée fraîche est un tonus pour les mousquetaires. Le bruissement des feuilles, la pâleur de la lune d'octobre, la rumeur de la rivière, tout concorde pour une marche méditative. Les voix restent étouffées par la gravité du moment. Sébastien se laisse aller à la confidence.

– Merci d'être là. Grâce à votre écoute bienveillante, je me sens moins fragile et, surtout, moins seul.

La marche se continue, intense et vivifiante. Sophie demande à Sébastien :

– Peux-tu nous dire combien il reste de lettres à lire? Cela nous donnerait une petite idée de ce qui nous attend.

– Deux lettres. Vous saurez ainsi tout ce que le père Fromentin et moi avons découvert. Le fait de parler de lui me donne l'impression qu'il marche à nos côtés. On dirait qu'une ombre mystérieuse nous accompagne...

– Tu crois que le père Fromentin est décédé? lui demande Alexandre.

– C'est une impression et rien d'autre. Je ne sais pas.

Jean-Nicolas ne cachant pas son malaise :

– En plein bois dans la nuit, je n'aime pas trop qu'on parle des morts, ça me donne des frissons.

Sophie s'accrochant au bras de Sébastien :

– Entrons maintenant pour rejoindre Marie-Madeleine.

– Comment, ajoute Alexandre en fixant Jean-Nicolas, elle n'est pas venue prendre l'air avec nous?

La maison, réchauffée par le feu bien nourri du foyer, accueille les amis pour cette prochaine étape. Chacun reprend sa place. Sébastien retire les deux dernières lettres de sa valise.

– La prochaine lettre est tout à fait dans la continuité de notre dernière réflexion. Elle s'adresse à un militaire du nom de Ætius.

– C'est pas vrai? J'ai l'impression qu'un être invisible nous guide. Tous les sujets s'imbriquent et suivent notre conversation, dit Sophie, étonnée mais sceptique.

– Pourquoi n'y aurait-il pas quelqu'un qui nous guide? ajoute Sébastien, d'un ton mystérieux.

Jean-Nicolas, les yeux grands ouverts :

– Ne me faites pas peur, j'ai déjà assez de difficultés avec les êtres visibles, n'en mettez pas trop!

– Si c'est Marie-Madeleine qui nous accompagne, j'en suis ravie. Il faut bien une solidarité féminine, même dans l'au-delà.

Sans hésiter Sébastien raconte.

– Marie-Madeleine connaissait Ætius. Il fréquentait la cour du roi Hérode et ils s'y voyaient régulièrement. Ætius n'était pas insensible aux charmes de la Juive séduisante et raffinée. Responsable de la forteresse de Machéronte sur les bords de la mer Morte, il avait toute la confiance du roi. C'est dans cette région que Jean le Baptiste baptisait les foules et c'est dans cette forteresse que le précurseur de Jésus sera emprisonné et décapité sur l'ordre de la femme du roi Hérode, Hérodiade. Marie-Madeleine avait eu à plusieurs reprises la permission de visiter le prisonnier Jean le Baptiste. Par cette faveur, la disciple bien-aimée pouvait trans-mettre des nouvelles à Jésus sur l'état de Jean, cousin et ami de celui-ci. C'est elle qui négocia avec Ætius pour que les disciples de Jean ré-cupèrent le corps du prophète. Le militaire était fasciné par Marie-Madeleine mais aussi par le discours des disciples et la foi qu'ils mani-festaient. Cela le troublait étrangement, lui l'ennemi des Juifs et dont le seul dieu vivant était l'empereur à qui il devait rendre un culte. Pour lui, les Juifs étaient des non-croyants, des athées, car ils ne rendaient pas de culte divin à l'empereur. Voilà pour l'histoire, maintenant la lettre.

Lettre à Ætius

À toi Ætius, militaire romain, premier responsable de la garnison de la forteresse de Machéronte, je fais parvenir cette missive écrite de la main de ma disciple fidèle et bien-aimée, Marie de Magdala. Après que je lui aurai dicté cette lettre, c'est elle encore qui te la

remettra et tu l'accueilleras non pas comme une courtisane ou une ennemie, mais comme une messagère
digne de confiance.

Au moment de la mort de mon ami et parent,
Jean fils de Zacharie, ses disciples allèrent recueillir le
corps à la forteresse que tu défends. Mon disciple
Simon accompagnait ce groupe endeuillé et tu as eu
l'occasion de converser longuement avec lui. Malgré
le fait que tu as dû obéir aux ordres du roi Hérode
en tranchant la tête de l'innocent Jean, tu as manifesté
ta secrète révolte, à Simon car tu avais trouvé chez ce
prisonnier une foi profonde et une grande intégrité.
Durant les longues nuits au cachot, tu as souvent
entendu sa prière et son dialogue avec son Dieu. Il
ne méritait pas un tel châtiment. Tu as manifesté le
désir de me rencontrer et, le temps me pressant, je
crains de ne pouvoir acquiescer à ta demande. Tu
connais bien notre langue et cela te facilitera grandement la compréhension de mon message.

Ætius, tu es un croyant et ton dieu c'est l'empereur
César Auguste. Tu as certainement un grand désir de
te mettre au service de Dieu. Sache que je ne parle
pas en raison de la domination de mon peuple par
l'empereur, mais plutôt par désir de te présenter le
visage de mon Dieu. Ton Dieu représente la puissance
terrestre. César manifeste sa puissance en étendant le
pouvoir de son armée sur le monde par la peur, la
violence et la mort. Il domine les peuples. Si on ose
se révolter, il manifeste son courroux et fait de ces

hommes, de ces femmes et de ces enfants des esclaves pour le servir.

Mon Dieu est puissant mais par l'amour. Il ne se fait pas complice de la guerre et de la violence. Il n'a pas d'armée pour le défendre. Loin de vouloir des esclaves, il veut par-dessus tout que ceux qui proclament son nom soient libres. Une liberté telle que ni la prison, ni la torture, ni la mort ne peuvent détruire. Au lieu de posséder la terre et les peuples, il est le Dieu qui ne possède rien. Il a les mains divinement vides pour se laisser la liberté d'embrasser et de caresser. C'est pourquoi tous ceux qui croient en lui sont ses enfants. À leur tour d'aimer comme lui nous aime.

Tu mets ta foi dans la richesse du divin empereur et dans son pouvoir de te combler d'honneurs et de gloire. Tu portes sur ta poitrine ce médaillon d'or, cadeau de César, pour avoir triomphé de tes ennemis. Eh bien! moi je te dis, Ætius, que mon Dieu n'aime pas l'or, car il défigure la beauté des êtres et fait obstacle au rayonnement de l'esprit. Tu me diras qu'il y a pourtant beaucoup d'or dans le Temple de Jérusalem, et tu as raison. Mais je te dis aussi que mon Dieu n'habite plus, depuis que l'on a voulu l'enfermer dans l'obscurité, derrière le rideau du sanctuaire et depuis que les prêtres du Temple de Jérusalem se sont mis davantage au service de l'or du temple que des plus pauvres et des plus démunis. Car le véritable temple de Dieu, c'est la personne. Toi aussi, Ætius, tu es le temple de Dieu que l'empereur ne peut ni acheter ni posséder. Tu peux comme Hérode vouloir détruire le corps, mais ce temple est indestructible, car l'amour que Dieu nous donne transcende la mort.

Je voudrais, Ætius, qu'il n'y ait plus jamais de temple, ni à Jérusalem, ni à Rome où réside le pouvoir de l'empereur, ni n'importe où ailleurs dans le monde. Si tu apprends qu'une foule se réunit quelque part dans un grand champ pour écouter ma parole, viens à ma rencontre, Ætius. Nous partagerons le pain et le poisson et tu sauras que, sous le soleil et les cieux, se trouve le plus beau lieu où Dieu aime se retrouver. Je t'accueillerai comme un frère, puisque mon Dieu ne se limite pas à la race et nous a tous créés égaux comme les enfants d'une même famille. Tu découvriras que le plus beau vase d'or ne se compare pas aux mains des hommes, des femmes et des enfants qui se touchent et rompent ensemble la nourriture impérissable qui donne la vie.

Tu connais un dieu qui trône et se fait acclamer en triomphe. Je voudrais te faire découvrir un Dieu qui marche sur les routes, sans armée, sans autre protection que l'amour fraternel. Un Dieu qui parfume le jour mieux que les encens les plus rares. Un Dieu qui éclaire à la fois comme le soleil de midi et la lueur d'une bougie qui veille. Un Dieu parfois meurtri à travers les blessures vives de ses enfants, mais toujours si noble et si beau, ne répandant que l'amour et la paix. Un Dieu qui ne jalouse pas ni ne fréquente le *bruit des épées et des lances. Un Dieu qui peut te parler plus fort qu'une armée en marche, à travers la rumeur d'un ruisseau.*

Dieu est dans ta forteresse, Ætius, il habite tous les jours de ta vie. Tu le croyais sur le trône de Rome alors qu'il croupit sous les chaînes de ceux que tu as enfermés. Tu veux qu'il te protège alors que toi tu l'emprisonnes. Tu veux qu'il t'aime et te serre dans ses bras alors qu'il est dans le cœur de l'esclave que tu forces à partager ta couche et dont tu violes la chair mais non pas l'esprit. Tu n'as jamais été aussi proche de Dieu. Ouvre ta fenêtre, déverrouille les portes, fais fondre ton armure et jette dans le puits tes marques de victoire. Viens, dépouillé et heureux, à la rencontre de mon Dieu. Ton seul véritable ennemi est le pouvoir que tu possèdes d'emprisonner et de tuer. Oseras-tu t'en affranchir? Oseras-tu franchir les murs qui retiennent ta liberté? Hâte-toi, car j'espère ta rencontre et mes jours sont comptés.

Jésus le Nazaréen

— Même aujourd'hui, il n'est pas facile de placer Dieu dans sa vie, enchaîne Alexandre. L'idolâtrie a toujours sa place, le culte a changé depuis César, mais il y a d'autres cultes, comme celui de la finance. J'ai la nette impression que la finance est devenue une religion et, c'est peut-être inconscient, les édifices bancaires ressemblent à des temples. Il y aurait tout un débat à faire là-dessus.

– Ce qui changerait les règles du jeu, c'est la présence des femmes, renchérit Sophie. Sans être féministe à outrance, je crois que la vision des femmes apporte une perception différente. Je suis certaine que, malgré qu'il y ait des femmes qui aiment le pouvoir autant que les hommes, si la religion catholique prônait l'égalité dans le partage des responsabilités, elle améliorerait notre société. Ce pari pourrait déjà se vivre dans son institution.

– Sophie, tu nous guides, ou bien est-ce Marie-Madeleine, vers notre prochaine et dernière lecture d'une lettre de Jésus aux femmes. Elle est dédiée à une femme du nom de Salomé.

– Voici comment Marie-Madeleine nous fait découvrir cette femme peu connue. Elle écrit qu'elle la connaissait depuis son enfance. Salomé vivait à Naïm, un village pas très loin de Magdala en direction de Jérusalem. Jeune, Salomé devait avoir les traits et la beauté de Marie de Magdala. Son mari avait une importante plantation d'oliviers et il faisait du commerce avec le père de Marie de Magdala. Leur négoce avait créé des liens et il arrivait que les deux familles s'invitent mutuellement. Salomé recevait comme une princesse dans sa vaste demeure de Naïm. Elle avait trois fils et croyait qu'un jour l'un deux pourrait épouser l'une des sœurs de Lazare, soit Marthe ou Marie. Ces discussions échappaient aux deux principales concernées, car le mariage devait se décider entre les pères de famille. Le destin voulut que le père de Marie de Magdala et le mari de Salomé meurent à quelques mois d'intervalle sans qu'aucun projet de mariage ne soit finalisé. Il faut avouer que le père de Marthe et Marie était attaché à ses filles et se plaisait beaucoup à les voir vivre sous son toit. À la mort de son père, Lazare vendit la propriété et acheta pour ses sœurs et pour lui une noble maison à Béthanie. Quelques mois plus tard, Marie-Madeleine retrouvait Salomé. La personnalité attachante de Salomé rayonnait autour d'elle et Jésus l'avait prise comme disciple. Son influence grandissait parmi les disciples de Jésus et celui-ci entrevoyait le jour où elle pourrait exercer de véritables responsabilités dans la petite communauté.

Sophie ne peut manquer une si belle occasion :

— C'est étonnant tout ce que je peux apprendre sur le visage caché de la première communauté de chrétiens dans sa réalité féminine. L'image que j'ai toujours gardée de cette institution, mis à part la présence de Marie la mère de Jésus, est celle d'une grande fresque peuplée d'hommes. Je découvre maintenant le rôle stratégique des femmes, autant dans l'Église naissante que dans la société. Ce visage du christianisme me plaît parce que cela le rend plus humain et plus proche du monde dans lequel nous vivons. L'Église ne peut exister hors de ce monde, à moins qu'elle ne veuille pas vivre son incarnation. Le salut de l'Église passe par cette voie, cela me semble évident.

– Tu m'impressionnes, ajoute Sébastien tout en observant le regard souriant et fier d'Alexandre. Je sens que tu es prête à entendre cette lettre.

Lettre à Salomé, une ancienne

À toi Salomé, fille d'Abraham, qui as vu défiler les années sans que ta pensée et ton cœur ne portent de rides, j'écris affectueusement cette lettre par la main délicate de ma bien-aimée disciple Marie. Ton corps frêle conserve encore sa capacité de se déplacer et, malgré ta juvénile hardiesse, cela ne suffira pas à couvrir la distance physique qui nous sépare. Mes bras ne soutiendront plus ton corps pour une tendre caresse, mais ma présence affectueuse restera à tes côtés quoi qu'il advienne. Que cette bonne nouvelle qui t'arrive par Marie ne soit pas vécue dans la tristesse mais dans l'espérance.

Lors de nos fréquentes rencontres, j'ai pu constater combien ta foi est grande. Depuis ton veuvage, tu témoignes envers Dieu et ton prochain un dévouement et une compassion de tous les instants. Tu as poussé ta générosité jusqu'à refuser de te remarier afin d'offrir plus de temps au Seigneur. J'apprécie grandement une telle capacité d'abnégation, mais sache aussi, Salomé, que si l'amour venait frapper à ta porte cela pourrait être une autre façon de servir le Seigneur. Tu dois réserver du temps pour toi-même, tes enfants et tes petits-enfants. Le Seigneur ne veut ni des sacrifices ni des sacrifiés. Une femme aimée et qui resplendit d'amour pour son époux est un signe de la présence de Dieu. La meilleure façon d'aimer Dieu est d'aimer son prochain comme soi-même, donc de faire attention à soi comme on le fait pour les autres. Si tu t'oublies, tu risques de t'affadir et d'en vouloir au Seigneur d'exiger autant de toi, alors que la seule exigence qu'il ait est celle d'aimer.

En ta qualité de grand-maman, tu joues également un rôle exceptionnel pour tes petits-enfants. Tu peux leur accorder une attention plus grande encore que celle que tu as eue pour tes propres enfants. Avec les enfants surgissent les conflits nécessaires à leur croissance et à leur identité. Avec les petits-enfants tu as toujours une responsabilité, mais elle est différente. Tu deviens un modèle de vie pour eux et tu dois veiller à laisser une porte toujours ouverte. Ils ont besoin de toi et ce sont eux qui préservent la jeunesse de ton cœur et de ton esprit. En échange, c'est ta sagesse et ton expérience de vie qui peuvent assouvir leur besoin de connaissance et de croissance. Quand tu les aimes et qu'ils caressent tes longs cheveux blancs, c'est Dieu qui passe dans leur vie à travers toi. Ton regard qui pénètre dans le leur porte une telle intensité de vie qu'il fait naître chez eux l'émerveillement. Et que dire de ces moments de bonheur où tu te surprends à caresser tes petits-enfants. Tes mains marquées par le temps, pareilles à un voile de tendresse, savent si bien chasser les peurs et les angoisses. Être au service des siens, c'est aussi être au service du grand rêve que le Seigneur caresse pour ses enfants que nous sommes.

J'ai appris que tu as eu quelques différends avec le rabbin de Naïm. Il te reprochait de ne pas fréquenter assez souvent la synagogue et de ne pas pratiquer religieusement les prescriptions prévues le jour du sabbat. En raison de ton influence et de ta sagesse, tu représentes à ses yeux une pécheresse publique parce que non soumise à la Loi. Je reconnais en toi la femme révoltée qui avait appris à garder une distance face aux prêtres. Malgré ton veuvage, tu ne voulais pas dépendre des prêtres qui exigaient que tu sois autant à leur service qu'à celui du Seigneur. Je comprends ton attitude. Je crois que tu n'as aucun besoin de te *rendre à la synagogue toutes les semaines. Le Seigneur sait ce que tu fais de bien. Il saura te rejoindre là où tu es. Par contre, il est bon de garder un lien avec la communauté et, même si le discours des rabbins et des prêtres te semble éloigné des réalités du monde, ta présence occasionnelle t'évitera des ennuis qui risqueraient à la longue de devenir mortels. En manifestant ainsi ta présence à la synagogue, tu n'attireras pas l'attention des prêtres et tu pourras ainsi bâtir une fraternité dans la grande maison de Naïm.*

Cette communauté de frères et de sœurs pourrait se réunir autour de toi comme on le fait avec les anciens. Cette lettre te servira à affirmer ton autorité spirituelle auprès des premiers disciples et à exercer pleinement le rôle que tu devrais jouer dans le groupe des disciples. Comme je l'ai fait souvent avec mes disciples, tu pourras rompre le pain dans la prière et la fraternité, en te rappelant toutes les Bonnes Nouvelles que le Seigneur confie en abondance aux uns et aux autres. Que dans ce repas il ne soit jamais question d'exclusion mais de communion. La place des plus pauvres sera toujours préservée.

Malgré ton âge vénérable, j'exige encore beaucoup de toi. Aussi, il faut agir selon tes forces. Si tu exiges trop de toi, la fatigue t'envahira, tu vieilliras dans l'amertume et tu cesseras d'être la femme qui attire pour devenir celle qui repousse. Accepte l'aide des autres. Quand tu sentiras qu'il faut laisser la responsabilité du service à quelqu'un d'autre, fais-le avec sagesse et discernement. Il serait triste de voir dans le service aux autres un quelconque pouvoir auquel on doit s'accrocher. Tu dois savoir te retirer avant qu'on ne te demande de partir.

Chère Salomé, je demande au Seigneur de te bénir tous les jours de ta vie.

Jésus le Nazaréen

– Cette lettre me fait beaucoup penser à grand-maman, poursuit Sébastien. Ce n'est pas qu'elle a les qualités de rassembleuse comme Salomé; bien au contraire, Gertrude est une femme effacée et je ne la vois nullement se faire prêtre pour bâtir une communauté. Elle vit présentement un grave questionnement en ce qui concerne l'Église. À la mort de mes parents, Gertrude et grand-papa Albert m'ont accueilli chez eux et ils ont été pour moi comme de vrais parents. Ils ont su faire abstraction de notre différence d'âge. Ils ne sont pas du genre à tout faire pour qu'il y ait un prêtre dans la famille. Lorsque j'ai pris la décision d'étudier en théologie, cela les a surpris. Mon grand-père m'avait même dit qu'il espérait que ces études ne me conduisent pas à la prêtrise. Il craignait pour ma santé psychologique. Il a arrêté de pratiquer sa foi il y a plusieurs années. Ma grand-mère avait dû subir un arrêt de grossesse, car elle risquait de mourir avec son fœtus. Le prêtre de la paroisse était venu les rencontrer pour leur demander de ne pas empêcher la famille. Comme couple, ils se devaient de continuer à faire leur devoir matrimonial. Mon grand-père a mis le curé à la porte. À partir de ce moment-là, il a cessé toute pratique religieuse. Grand-maman a continué à fréquenter l'église tout en gardant son sens critique. Je les aime beaucoup. Il faudrait bien que je leur téléphone. Hier à l'église, j'ai dû les laisser alors qu'ils étaient dans une profonde détresse à cause de mon ordination ratée. Albert est paralysé depuis qu'il a été victime d'un accident cérébro-vasculaire. Je les appellerai demain. Il est tard et ils se couchent tôt.

VI

L'intrigue romaine

Sophie décide de prendre les choses en main.

– Maintenant que nous connaissons le secret de Sébastien et celui de Marie-Madeleine, que doit-on faire? Il est tard et nous avons brassé pas mal d'idées et d'émotions. Par ailleurs, le temps nous presse, il y a beaucoup de monde aux trousses de Sébastien.

– Sophie a raison, ajoute Alexandre. Demain, c'est le congé de l'Action de grâce, nous pourrions profiter de cette journée pour planifier notre action à tête reposée.

– Suis-je toujours dans le coup? demande Jean-Nicolas.

La réponse affirmative de ses amis ne tarde pas. Sébastien ressent soudain le stress d'une importante décision à prendre. Il est d'accord pour que la rencontre ait lieu demain, mais agir trop vite l'énerve.

– La nuit porte conseil. Demain, nous verrons plus clair.

– Je suis d'accord, Sébastien, et là-dessus, je vous quitte pour aller rejoindre mon ami de cœur, Julien, qui m'attend. Je reviendrai pour le petit déjeuner, si vous m'invitez...

– Bien sûr que tu es invité! lui répond Sophie.

Sébastien range méticuleusement les documents dans sa valise. Dans l'émotion de la soirée, la bouteille de bordeaux est restée à demi consommée. Alexandre partage ce qui reste à boire. On perçoit le poids du jour et déjà celui du lendemain. Les mots se font rares, pour en avoir trop dit. On déguste le vin de l'amitié avant de se risquer à entrer dans ses rêves.

Au matin, branle-bas dans la cuisine où le café embaume. Jean-Nicolas est arrivé avec des croissants frais. Les quatre amis sont attablés, on discute de stratégie. Sophie va communiquer avec son éditeur. Jean-Nicolas la secondera dans les étapes d'impression des documents. Alexandre fera équipe avec Sébastien dans les démarches officielles et délicates auprès des autorités dominicaines. Il sera un judicieux conseiller pour Sébastien qui devra prendre des décisions rapides. Il faut d'abord communiquer avec le provincial Jacques Trudeau.

– Alexandre, tu m'amènes au village, dit Sébastien, fébrile. Je vais lui téléphoner d'une boîte téléphonique. Son téléphone est muni d'un afficheur et je ne veux pas qu'il voie votre numéro de téléphone. J'espère que je pourrai lui parler tout de suite. La réussite de notre stratégie réside dans la rapidité de nos interventions.

Au village, Sébastien s'entretient avec son supérieur. Il est nerveux et, peu de temps après, il raccroche en fixant tristement Alexandre.

– Jacques attendait mon appel. Il n'a rien laissé paraître dans le ton de sa voix. Tout était posé, respectueux et fraternel. Le connaissant, je sais qu'il est hors de lui, qu'il voudrait m'engueuler d'avoir mis tout le monde dans l'embarras. Il préfère donner l'impression d'une écoute paternelle. Nous avons pris rendez-vous à 14 h au bureau de l'administration des dominicains.

Alexandre ressent la fragilité de son ami et, en même temps, sa sourde révolte. Ils retournent à la maison sous un soleil radieux qui rehausse le coloris des feuilles d'automne. Mais la tristesse les empêche d'admirer toute cette féerie. Sébastien aurait aimé courir dans les feuilles pourpres et jaunes, sans s'arrêter, courir loin, toujours plus loin.

– Nous allons retourner à Montréal, annonce Alexandre. Sébastien a rendez-vous avec son supérieur à 14 h.

– Tu le rencontres où, ton supérieur? s'enquiert Sophie.

– À son bureau, je ne peux tout de même pas le rencontrer dans un restaurant.

– Pourquoi pas à la maison, ce serait plus sympathique. Alexandre et moi, on vous laisserait tout le temps nécessaire pour discuter. À ce moment-là, je serai absente. J'ai téléphoné à Antoine qui travaille avec moi à la maison d'édition; il est prêt à nous recevoir, Jean-Nicolas et moi, chez lui à 14 h également. Mais que vas-tu dire à ton supérieur, Sébastien? Sait-il que tu as ces documents avec toi?

– Je n'en ai aucune idée, Sophie! Je me rappelle seulement qu'il m'a dit de lui accorder du temps, car il a des nouvelles urgentes à me communiquer. Il ne pouvait me les dire au téléphone.

– On ne sait jamais, ce sont peut-être de bonnes nouvelles pour toi, lui dit Sophie. Tu serais mieux chez nous pour discuter avec ton provincial. Dans l'auto, tu lui téléphoneras pour changer le lieu du rendez-vous, ce n'est pas plus compliqué que ça.

– Sophie a raison, intervient Alexandre. L'atmosphère de notre maison t'aidera à faire une meilleure rencontre.

Sébastien accepte l'invitation, Jacques Trudeau est d'accord. Sur la route, il se revoit avec le père Fromentin, il sait qu'il lui sera fidèle jusqu'au bout. Alexandre et lui voyagent en silence en route vers la métropole. Sébastien se surprend à jeter un coup d'œil sur sa valise placée sur la banquette arrière. Il voudrait un signe de Marie-Madeleine, du père Fromentin, pour délier les mots et les pensées qui l'oppressent. Et soudain un sourire illumine son visage.

– Qu'est-ce que tu as, Sébastien? Tu as un drôle d'air. As-tu une vision? lui demande Alexandre.

– Non, je viens de me rappeler un passage de l'Évangile de Jean où Jésus dit : « Le Paraclet, l'Esprit saint que le père enverra en mon nom, vous enseignera toutes choses et vous fera ressouvenir de tout ce que je vous ai dit. » Voilà la réponse à ma prière et j'en suis très heureux. J'ai l'impression de retrouver mes forces vives.

– Tu pries dans l'auto! La prochaine fois, tu m'avertiras.

– Prier, c'est respirer avec Dieu, dit le dominicain. Alors, profitons-en. Regarde la nature, elle est belle comme l'espérance. Mourir en automne, c'est déjà croire au printemps qui viendra.

– Parle pas trop de la mort, j'ai un côté superstitieux! lui réplique Alexandre, mi-sérieux.

Ils arrivent à la maison, suivis de près par Sophie. Sébastien est de plus en plus nerveux à mesure qu'approche l'heure du rendez-vous. Il n'a pas voulu goûter au dîner frugal préparé par ses amis. Dès son arrivée, Jean-Nicolas ressent la lourdeur de l'atmosphère, comme si la mort avait frappé à la porte de la maison. Il n'essaie pas de relancer la discussion.

– C'est presque l'heure de notre rendez-vous, Sophie.

Ils quittent la maison, laissant Sébastien seul dans la petite bibliothèque chargée de livres sous un éclairage feutré, et Alexandre dans son bureau à l'étage. Avec la précision d'une horloge, Jacques Trudeau se présente au rendez-vous. Sébastien l'accueille avec égard. Le provincial est visiblement mal à l'aise. Il jette un regard désemparé à Sébastien en lui donnant une ferme poignée de main. Sébastien devine son désarroi et l'invite à prendre place dans l'un des deux fauteuils de la bibliothèque. Le silence est glacial. Le père Trudeau sort quelques feuilles de son porte-documents. Il montre des signes d'impatience, lisant et relisant machinalement les quelques feuilles qu'il tient avec maladresse dans sa main droite. Sébastien n'ose prononcer les premiers mots. Il pourrait facilement compter les battements de son cœur. Il ignore ce que son provincial sait concernant sa secrète recherche à l'École biblique. Sébastien ne veut pas se mesurer à lui et il craint la confrontation. Jacques Trudeau porte un lourd fardeau. Pris de compassion, le jeune dominicain se décide à ouvrir la brèche du silence.

– Que veux-tu savoir exactement, Jacques ?

– La vérité ! Mais, avant, j'ai une triste nouvelle à t'annoncer. Le père Jean-Marie Fromentin est décédé hier en soirée. C'était presque au moment où commençait la célébration de ton ordination. Je suis désolé.

Un immense chagrin étreint le cœur de Sébastien. Puis, en larmes, il prie son ami décédé de lui donner la force et le courage de faire face au péril qui le menace. Comme un baume, en guise de réponse à sa prière, il sent une paix intérieure qui l'enveloppe. Sébastien sait qu'il n'est plus seul à lutter.

– Ça va mieux, Jacques, je devrai vivre mon deuil. C'est la vie. Le père Fromentin représentait beaucoup pour moi et tu sais que je suis lié à lui par un engagement. Si la vérité que tu veux découvrir concerne mes recherches à l'École biblique de Jérusalem, sache que je suis lié par ce secret professionnel.

– Ce ne sont pas tes recherches qui m'intéressent, c'est ce que tu as fait. Ce sont les gestes que tu as posés à Jérusalem qui nous placent dans un tel embarras.

– J'aimerais savoir, Jacques, ce qu'on me reproche à la fin.

– Sois franc, Sébastien. Tu le sais très bien, tu as fait preuve de beaucoup de naïveté.

– En quoi ai-je été naïf?

– Ta fuite improvisée, crois-tu que les frères du couvent ne l'ont pas remarquée?

– J'aurais fui quoi au juste?

– La honte de ton geste, un égarement soudain, une dépression profonde à l'approche de ton ordination, c'est toi seul qui peux répondre à cette question.

Jacques Trudeau avait laissé tomber son armure de provincial. Il redevenait le frère que Sébastien avait toujours respecté. Homme fraternel et juste, parfois un peu trop paternel, par contre si bon. On disait de lui qu'il était trop bon et certains frères ont souvent profité de cette faiblesse, si c'en était bien une. Le jeune religieux sentait que son attitude avait blessé profondément l'estime que le supérieur lui portait. Soudain, il prit conscience de la grande blessure de l'homme qui se tenait assis devant lui, comme dépassé par les événements. Le ton se fait plus fraternel.

– Jacques, de quoi m'accuse-t-on au juste?
Le provincial se lève.

– Puis-je me servir un peu d'eau?

– Excuse-moi, lui dit Sébastien, je ne suis pas un très bon hôte.

Sébastien saisit la carafe que Sophie avait remplie à leur intention et il verse d'abord un verre d'eau fraîche à Jacques. Tout devient silence. Ils se rassoient. Jacques continue de boire comme pour se donner de la force et du courage. Après un long soupir :

– Il y a des circonstances nébuleuses entourant la maladie du père Fromentin et le décès qui s'ensuivit.

Sébastien est foudroyé. Il tremble tellement qu'il ne peut garder dans ses mains son verre d'eau. Un serrement dans la gorge l'empêche de respirer, il pâlit, le visage couvert de sueur. Il n'est pas certain d'avoir bien entendu.

– Peux-tu me répéter ce que tu viens de me dire?

– Sébastien, arrête de mentir. Tu es soupçonné d'activités, dont la gravité reste à préciser, concernant la maladie et la mort du regretté père Jean-Marie Fromentin. Je sais que ce n'est pas facile à accepter Sébastien. Il doit certainement y avoir une explication, peut-être psychologique. C'est pardonnable. Mais c'est extrêmement grave pour ton avenir. Si ce dont on t'accuse est vrai, tu peux oublier la prêtrise.

– Jacques, si j'ai bien compris, on m'accuse d'avoir assassiné le père Fromentin, mon frère et mon ami! C'est pour cela que l'on m'a refusé l'ordination?

– On ne parle pas d'assassinat mais de circonstances troublantes, de vol de documents importants... J'ai rencontré le nonce apostolique hier soir. Nous avons eu un long et pénible entretien. Il m'a montré des rapports d'enquête, et tout indique selon ces documents que tu as une responsabilité certaine dans sa mort. Par contre, il faut que l'on prouve ta culpabilité. Jusqu'à preuve du contraire tu es innocent selon notre système de justice. Le crime a été commis à Jérusalem, d'autres lois s'appliquent. Des aveux de ta part faciliteraient tout, pour l'Ordre et pour l'Église. Nous éviterions le scandale et l'odieux d'un procès. Tu comprends bien ma position, Sébastien?

– Tu crois vraiment, Jacques, que je suis complice d'une machination qui concerne un meurtre et un vol?

– D'après les enquêteurs invités à se rendre sur place par le Vatican, beaucoup de soupçons sont dirigés vers toi. Personnellement, la situation me dépasse. Le frère que j'ai devant moi est-il le même que celui que j'ai si bien connu il y trois ans? J'ignore ce qui a pu t'arriver, Sébastien. Je ne sais vraiment pas qui et quoi croire.

– Quelles preuves a-t-on pour m'accuser?

– On m'a dit que c'est toi qui veillais en permanence sur le père Fromentin.

– C'est exact.

– On m'a raconté que tu avais réussi à faire le vide autour de lui et que tu as précipité ton départ juste avant qu'il ne décède comme pour faire taire les soupçons.

– Comment a-t-on fait pour conclure que le père Fromentin est mort de façon suspecte? J'étais auprès de lui lorsqu'il a été hospitalisé pour des problèmes cardiaques, cela n'a rien à voir avec un meurtre.

– D'après les informations transmises, les soupçons proviennent du Vatican. Le vol de documents et la maladie du père Fromentin sont deux événements reliés selon eux. Il y a eu une machination dont tu serais l'auteur et le Vatican avait eu vent de l'affaire. C'est pourquoi le légat papal, monseigneur Antonio Alvarez est arrivé la veille du décès du père Fromentin. C'est lui qui lui a donné les derniers sacrements. Monseigneur Alvarez a constaté que certains documents appartenant au Vatican avaient disparu. Le légat a déduit que tu te serais enfui avec ces documents et la Sacrée Congrégation aimerait bien les retrouver. Le seul témoin qui pouvait parler en ta faveur, c'est le père Fromentin et il est mort. Tu es dans de sales draps et nous aussi. Sébastien, tu es membre de notre communauté et nous allons te fournir toute l'aide nécessaire pour traverser ce calvaire. Les policiers israéliens n'ont pas encore exigé ton arrestation ici, ni ton extradition à Jérusalem. Le maître général de notre Ordre a avisé les autorités du Vatican que nous allions collaborer pour que tu retournes là-bas. Tu devras faire face à la justice israélienne et nous te soutiendrons.

Sébastien vit un cauchemar. Il est en chute libre.

– Je suis innocent! clame-t-il à son supérieur. Devant Dieu et devant l'humanité entière, je n'ai rien à me reprocher. Je suis victime d'une machination, d'un complot. On veut me détruire parce que je dérange, parce que je sais des choses compromettantes. Parce que je représente une menace.

– Que peux-tu savoir qui produirait une si incroyable machination?

– Je me comprends, Jacques, et cela me suffit. Sois assuré de ma collaboration. Je quitterai le Canada le plus vite possible et tu découvriras toi aussi que je suis innocent. Je ne demande qu'une chose, il ne faudrait pas m'accuser sans preuve et me traiter comme si j'étais déjà coupable. J'ai droit au bénéfice du doute. Je suis innocent du crime dont on m'accuse. Le temps finira par me donner raison.

– Du temps, tu n'en as pas beaucoup. On veut que tu te rendes le plus tôt possible à Jérusalem. Monseigneur Alvarez t'attend là-bas. Il s'occupera de toi. Tu comprends bien que les frères dominicains de Jérusalem sont sous le choc et ils préfèrent pour l'instant ne pas te rencontrer. C'est le légat papal qui fera tous les arrangements pour ton voyage. Il va me communiquer les informations pour les vols aériens. Les billets sont aussi payés par le Vatican. Je dois t'avouer que monseigneur Alvarez collabore avec nous. Je sais que cela représente un dur coup pour toi, mais il faut nous aider à faire éclater la vérité. Si tu es innocent, tant mieux. Mais nous devons en avoir la certitude. Tu sais que j'ai les mains liées par cette histoire.

– Je suis innocent et je vais le prouver. Sois assuré de ma collaboration.

– Merci, Sébastien. Je communiquerai avec toi sous peu. Tu résides ici?

– Oui. Avant de partir, je te demande de me bénir et de me pardonner pour tous les ennuis que j'ai pu causer à toi et à la communauté. Je suis innocent, mais aussi attristé de tout ce qui arrive aux gens que j'aime et que j'apprécie.

Sébastien rejoint Alexandre à son bureau à l'étage et le met au fait de son entretien avec

Jacques Trudeau. L'ampleur des accusations et le voyage prochain à Jérusalem viennent compliquer la situation. Il faut attendre le retour des deux autres compagnons pour planifier une stratégie.

Sophie arrive tout excitée de ses démarches. Elle entre en jasant avec Jean-Nicolas. Ils s'informent des résultats de la rencontre des deux dominicains. Ils aperçoivent la mine déconfite de leurs amis. Sébastien se raconte à nouveau.

Sophie songe à demander l'aide d'un ami avocat.

– Il faut se battre, dit-elle, c'est intolérable de vivre une telle injustice. Tous des lâches, ces ecclésiastiques romains qui refusent de faire face à leurs responsabilités. Ils préfèrent t'accuser injustement et peut-être même falsifier des preuves plutôt que de chercher la vérité. Ce qu'ils veulent, Sébastien, c'est t'enfermer quelque part comme un psychopathe. Non, ça ne se passera pas comme ça.

Sophie marchait de long en large et Jean-Nicolas vomissait dans la salle de bains. Il ne supportait pas autant d'émotion et il avait la trouille de se sentir soudain complice d'un grave secret. Le téléphone sonne. Alexandre répond :

– Oui, un instant.

– C'est pour toi, Sébastien. C'est ton provincial.

— Il n'a pas perdu de temps, chuchote Sophie au bord de la crise de nerfs.

Sébastien revient dans la cuisine.

— Je pars demain à 13 h, leur annonce-t-il. Monseigneur Alvarez vient de confirmer à Jacques Trudeau mon horaire de vol. Je me rendrai d'abord à New York, ensuite je m'envolerai dans un avion de la compagnie El Al pour Israël en début de soirée.

— Que faisons-nous avec tes lettres? demande Sophie.

— Les manuscrits? demande Sébastien, assommé par les événements. Je dois les apporter avec moi. Je n'ai pas le choix, sinon ils utiliseront cette disparition de documents comme une preuve contre moi. J'ai aussi promis au père Fromentin de publier ces documents. À vrai dire, je ne sais plus quoi faire.

— Ne paniquons pas! s'exclame Sophie. Il est certain que tu dois rapporter ces documents à Jérusalem. Nous avons encore assez de temps pour faire des photocopies.

— Il faut faire vite, reprend Jean-Nicolas qui, blêmi, avait retrouvé tout de même sa lucidité.

— Antoine m'a assuré qu'il mettrait tout en œuvre pour que la publication se fasse dans les délais les plus courts. Mais il a besoin de signer un contrat avec toi, Sébastien.

— Sophie, je n'ai pas le cœur à signer un contrat aujourd'hui. On verra à ça plus tard.

– Si tu veux respecter ton engagement avec le père Fromentin, tu n'as pas le choix. Je vais tout de suite communiquer avec Antoine pour qu'il nous accorde immédiatement un rendez-vous. Pendant ce temps, Jean-Nicolas fera les photocopies.

Sébastien se tourne vers Alexandre.

– Qu'en penses-tu? Je me sens pris dans un tourbillon.

– Tu as toujours le choix. Apporter avec toi ces lettres, les remettre au Vatican et oublier toute cette affaire. Ou faire comme le suggère Sophie. Je crois qu'elle a raison d'insister, car tu as fait de nous tes complices et nous sommes fiers de la confiance que tu nous a accordée. Ce n'est pas maintenant qu'il faut se décourager, au contraire il faut foncer.

– Vous avez tous les trois raison. Je vous ai livré mon secret, il appartient à nous tous. Il peut se passer un bon moment avant que je ne revienne à Montréal. L'important, c'est de tout prévoir comme s'il m'était impossible de revenir.

Sébastien fond en larmes dans les bras d'Alexandre, alors que Sophie est envahie par une déchirante colère.

– J'appelle Antoine, lance-t-elle.

Sophie revient à la cuisine où les trois amis se consolent d'une peine trop lourde.

– Antoine viendra ici ce soir. Il a parlé à son associé et ils vont préparer ensemble un contrat. Il m'a indiqué un endroit pour produire des photocopies de haute qualité. C'est l'un de ses amis qui est propriétaire, il va lui téléphoner pour qu'il puisse nous ouvrir son commerce, car aujourd'hui c'est jour férié.

Vingt heures, Antoine sonne à la porte. Les manuscrits ont été photocopiés et déposés sur la table de la salle à manger. Sophie accueille Antoine et le présente à Sébastien, qui lui montre à la fois ses propres copies et les nouvelles photocopies. Antoine est émerveillé.

– Victor a fait du beau travail, la qualité de ses photocopies est impressionnante. J'ai apporté le contrat à signer. Mon associé et moi avons bien examiné la situation. Il y a un point délicat. S'il vous arrivait quelque chose, qui seront vos héritiers légaux, monsieur Perron?

– Tu vas pas commencer à l'énerver avec une telle supposition, lui réplique Sophie.

– C'est important, un contrat. En cas de décès du signataire, les héritiers peuvent intervenir pour le rompre, vous comprenez, monsieur Perron.

– Appelez-moi Sébastien. Mes héritiers sont les dominicains. Par contre, vous savez que je ne suis pas propriétaire de ces documents.

– Un instant! s'exclame Alexandre. Ces documents, de par la volonté de celle-là même qui les a rédigés, appartiennent à tous les disciples du Christ. Nous sommes tous baptisés, donc nous avons droit à l'héritage spirituel de ces manuscrits.

— C'est très bien, et si je continue ta pensée mon amour, pourquoi les profits de cette publication ne seraient-ils pas versés à un organisme humanitaire?

— Les bénéfices devraient aller à une fondation qui lutte contre le sida, suggère Jean-Nicolas,

Sébastien est ravi.

— Vous êtes formidables. Antoine, vous devez faire le contrat à nos quatre noms et nous donnerons les profits à un organisme voué à la cause des sidéens. Alexandre a vu juste, certainement une inspiration de Marie-Madeleine. Cette découverte appartient aux disciples de Jésus. Quoi qu'il arrive, ce seront toujours les baptisés qui seront les héritiers authentiques des lettres de Marie-Madeleine.

La signature du contrat prend les allures d'une fête. Antoine les quitte à regret. Jean-Nicolas s'apprête à partir. Avec émotion, il enlace chacun de ses nouveaux associés. Sébastien se souvient qu'il a un téléphone urgent à faire.

— Mes grands-parents, il faut que je leur parle. J'espère qu'ils ne dorment pas.

Sébastien s'isole du groupe pour téléphoner. Une heure de conversation et d'adieux, entre-coupée de pleurs qui marquaient comme un pendule la marche du temps vers Jérusalem, puis il revient vers ses amis.

– S'il fallait qu'il m'arrive quelque chose, Gertrude et Albert n'y survivraient pas. Je vous les confie. Je ne leur ai rien dit de ma situation, sauf que je devais me rendre en Israël pour régler certaines affaires et qu'après je reviendrais pour préparer à nouveau mon ordination. Je crois que c'est la première fois que je leur mens.

Une soirée qui ressemblait à la vigile d'une lente agonie s'ensuivit. Ils avaient convenu qu'au retour de Sébastien, une fois les manuscrits publiés, ils célébreraient. Puis l'amitié étant toujours victorieuse, on s'accorda du temps les uns pour les autres.

Le lendemain, le départ s'annonçait aussi déchirant que pénible. Sophie et Alexandre avaient même promis à Sébastien, si le besoin se faisait sentir, de se rendre à Jérusalem malgré leur modeste situation. On sonne à la porte, c'est Jacques Trudeau. Il avait promis à monseigneur Alvarez d'escorter lui-même le dominicain jusqu'à son départ en avion. Ses amis avaient résisté. Voyant l'inflexibilité du supérieur, ils avaient décidé de faire leurs touchants adieux sur place.

– Dès que je serai arrivé à Jérusalem, je vous téléphonerai.

En route, Jacques Trudeau remet les billets d'avion à Sébastien. Ce dernier fait remarquer que l'horaire de vol est changé.

– Je devais voyager dans un avion de la compagnie El Al à partir de New York, mais ici je vois qu'il s'agit d'un vol d'Egypt Air. Je devrai me rendre au Caire avant de gagner Jérusalem par un autre vol, c'est bien ça?

– J'avais oublié ce détail, Sébastien. Monseigneur Alvarez m'a laissé un message disant que, l'automne étant une période de grande affluence pour les pèlerinages, il se pourrait qu'il ne puisse trouver un vol de la compagnie El Al. C'est ce qui a dû se produire. Ce qui importe, c'est que tu sois dès aujourd'hui en route vers Jérusalem, même par une voie indirecte.

À l'heure prévue, soit 13 h 30, Sébastien quitte Montréal vers New York, apportant avec lui sa valise remplie des précieux documents. En début de soirée, Sébastien se dirige vers le Caire par le vol 990 de la compagnie Egypt Air.

Deux heures du matin, le téléphone sonne chez Sophie et Alexandre.

– Réponds, Alexandre. Un appel à cette heure-là, c'est sûrement pour toi.

– C'est Jean-Nicolas. Il est tout bouleversé. Il vient d'apprendre que l'avion d'Egypt Air qui a décollé de New York vers le Caire s'est abîmé en mer et qu'il n'y a aucun survivant.

– Rassure-le, Alexandre. Sébastien voyage par El Al, il nous l'a dit en quittant la maison. Il est en route vers la Ville sainte. Dis à Jean-Nicolas qu'il peut dormir en paix!